그건 혐오예요

그건 혐오예요

상처를
덜 주고받기 위해
해야 하는 말
—

글·홍재희

행성B

타인의 고통에
공감하는 삶을 가르쳐 준
어머니 김경순 씨에게
이 책을 바칩니다.

1.

아는 것과 깨닫는 것은 다르다고 한다. 그런 의미에서 나는 지금껏 '앎'에만 만족하면서 살았던 것 같다. 이 책을 진행하면서 새롭게 깨달은 것이 참 많다. 먼저 인터뷰란 나 같은 초짜가 덤빌 만한 일이 아니란 사실이다. 그저 묻고 잘 들으면 되는 줄 알았다. 돌아보니 나는 어떻게 이야기를 이끌어야 하는지도 잘 모르는 미숙하고 서투르기 짝이 없는 인터뷰어였다. 안면 있는 감독 앞에서는 편안해져 질문하는 사람의 본분을 망각하기도 했고, 초면인 감독 앞에서는 준비한 질문 외에 어떤 질문을 더 해야 할지 몰라 대화가 옆길로 새기도 했다. 질문자로서 자세를 잠깐 잊고 나 혼자 떠들어 댄 적도 많다.

장시간 솔직한 대화를 주고받은 덕에 글 쓸 거리가 너무 많아 행복한 비명을 지른 적도 있지만 상대적으로 짧게 인터뷰를 마치는 바람에 이야기를 어떻게 글로 풀고 옮겨야 할지 난감할 때도 있었다. 감독 저마다의 색깔을 잘 드러내려고 나름 노력했지만,

여전히 미흡한 구석이 많다. 감독들의 의도를 충실히 담아내기엔 내 필력이 모자란다는 사실도 깨달았다. 오랜 시간 한 주제에 천착하면서 영화를 만들어 온 감독들의 깊은 속내를 온전히 드러내지 못한 것만 같아 부끄럽다. 글쓴이의 능력이 부족한 탓이다.

2.

내가 만난 여섯 명의 감독은 존재하지만 보이지 않는 존재들, 소외받는 존재들, 우리 옆에 있지만 외면당하거나 알려지지 않았던 존재들, 즉 사회적 약자들의 이야기를 우리에게 들려주는 사람들이다. 또한 우리가 놓친 진실의 파편을 모아 우리에게 온전한 세계를 보여 주고자, 카메라를 들고 치열하게 살고 있는 '이야기꾼'들이다. 스스로 타자가 되는 삶을 선택해 자신만의 방식으로 세상에 능동적으로 참여하고 세상과 소통하는 이들이기도 하다. 이들을 만난 건 내게 큰 행운이었다. 무엇보다 이들을 통해 삶이란 모든 것을 걸고 열정적으로 행하는 것이며 동시에 여러 방식으로 나라는 존재와 세상을 연결하는 것임을 알게 되었다. 결연한 실천은 머리가 아니라 손발이 완성한다. 차가운 가슴과 복지부동하는 손발로는 아무것도 이루지 못한다는 사실을 영화로 삶으로 증명한, 편견을 넘어 세상을 다르게 보기를 주저하지 않는 이 감독들에게 존 버거의 말을 빌려 존경을 표한다. 이 책이 가야 할 길을 안내하고, 나를 인도한 것은 바로 이들이었다.

내가 이야기꾼이라면 내가 듣기 때문이에요. 이야기는 시도 때도 없이 찾아옵니다. 잘 듣는다면 말입니다. 세상사를 묘사한다고 상상해 봅시다. 지금 이 순간에 세계에서 일어나는 일을 말이죠. 이야기꾼은 전선을 누비는 밀수꾼처럼 누군가의 이야기를 전하는 전달자예요. 내가 그런 사람이에요.

— 다큐멘터리 〈존 버거의 사계〉에서

3.

나는 옳고 나머지는 틀렸다는 생각, 나는 정상이고 너는 비정상이라는 단정만큼 위험한 것은 없다. 하나의 프레임을 강요하는 사회, 고정된 프레임으로만 사고하는 사회는 건강하지 않다. 이런 사회에서 혐오는 독버섯처럼 증식한다. 나와 다름을 받아들이지 못하는 것은 전체주의다. 반대로 민주주의란 나와 다르다는 이유로, 상대방이 약자고 소수란 이유로 차별하거나 억압하지 않는 것이다. 따라서 차별과 혐오를 넘어설 수 있는 길은 하나밖에 없다. 결국 민주주의다. 그런데 민주주의는 기득권을 쥔 자들이 아니라 나로부터 내 일상에서부터 시작된다. 민주주의를 실현하려면 자아를 소중하게 생각하고 내 안에서 나를 지킬 수 있는 힘을 기르는 것이 가장 중요한데, 그 힘이 바로 개인주의다.

그러나 대한민국에서는 지금까지 개인주의나 민주주의가 한번도 제대로 실현된 적이 없다. 나보다는 항상 집단과 전체가, 내 삶보다는 국가가 우선이었다. 나라는 주체를 우선시하기보다는 가족이나 조직, 국가와 같은 타자의 시선에 자신을 동일시하고 그것을 자신의 정체성으로 삼았다. 그래서 내가 아니라 타인의 시선에서 바라본 나, 타인의 시선에 비친 내가 더 중요하다. 그렇다 보니 정작 자기 삶인데 그 안에 자신은 없다. 나와 타인의 관계 속에도 자기가 없다. 나라는 사람은 개인의 정체성이 아니라 기득권의 이데올로기로 구성된, 즉 국가와 민족과 회사와 군대와 가족이라는 집단이 만들어 준 허구의 정체성이다.

하지만 타자의 시선에 자신을 일치시키는 것과 이 사회에서 자신이 타자임을 인식하는 것은 완전히 다른 얘기다. 한국과 같은 사회에서 스스로 타자가 되는 것은 차별받고 배제되고 소외되는 것을 뜻한다. 자신이 사회적 약자의 처지에 있음을 직시하고 인정하거나 자신이 주체적으로 타자가 되어 보는 경험을 선택하는 것이 두렵고, 무섭고, 불안한 이유다. 그래서 많은 한국인이 능동적으로 타자가 되는 경험을 선택하느니 차라리 자아를 지우는 쪽을 택한다. 조직과 집단, 기득권의 시선과 자신을 동일시한다. 강자의 논리에 자신을 복속시킨다. 권력도 자본도 없는 노동자가 자기와 다른 계급을 대변하는 경우가 그 예다. 기득권이라는 강자는 내 이익과 권리를 대변해 주지 않을뿐더러 오히려 자신을 차별하고 억압하는데도 이들은 기득권의 입이 되고 그들 편에 선다. 결국 기득권이 차별하고 억압하는 사회적 약자들, 나와 같은 처지의 사람들을 혐오하는 대열에 동참한다. 왜 이런 이율배반적인 행동을 하는 것일까. 바로 선택하는 자아, '내'가 없어서다. 나로부터 출발하는 삶을 살고 있지 못하기 때문이다.

4.

우리가 혐오를 반대해야 하는 이유는 자명하다. 혐오는 인간의 존엄성을 산산조각 내 그 사람을 하찮게 여기도록 한다. 차별과 혐오는 바늘과 실이다. 누군가를 차별하면 그 대상을 혐오하는 것이 당연해진다. 차별당하는 사람을 봐도 그럴 만한 이유가 있다고 여긴다. 혐오를 정당화하는 것이다. 차별과 혐오의 악순환이다.

우리가 혐오에 잠식되지 않고 혐오와 싸워 이길 유일한 방법은 타자에 대한 공감뿐이다. 공감이란 내 주변에 항상 있지만 보이지 않았던 사람들에게 주의를 기울이는 것이다. 내가 혐오하는 사람들이 낯선 타자나 이방인이 아니라 실은 나의 '다른 얼굴'이라는 사실을 단지 아는 것이 아니라 '깨우치는' 것이다. 공감할 수 있다면 소통할 수 있다. 소통하면 이해하게 된다. 이해하면 더는 혐오할 수 없다. 그런데 공감 없는 이해는 오만한 해석이 되기 쉽고, 이해 없는 공감은 극단으로 치우치기 쉽다. 그러므로 공감하려면 알려는 의지가, 즉 상대방을 이해하려는 노력이 선행돼야 한다. 그러려면 내가 옳다고 확신하는 '앎'을 내려놓고 다르게 생각해 보는 시간, 한번도 의심해 보지 않았던 것을 향해 '왜'라고 질문하는 시간, 미처 몰랐고 알려고 하지 않았던 진실에 마음을 열고 귀를 기울일 시간이 필요하다. 무엇보다도 스스로 타자가 되어 보는 상상과 경험이 중요하다. 주체적으로 사고하고 스스로 책임지는 개인 한 명 한 명이 일상에서부터 타인을 존중하는 삶을 실천하고, 그런 실천이 사회 전체로 확장될 때에야 비로소 민주주의는 활짝 꽃을 피울 것이다. 나라는 주체가 너라는 타자를 만나고, 너와 내가 함께 어우러져 '우리'가 되는 것. 그것이야말로 가장 인간다운 삶이 아닐까. 우리 사회가 나아가야 할 미래의 모습이지 않을까.

2017년 4월 홍재희

차례

1장.
여성이
혐오하는
여성은
누구인가

— 경순 감독

2015년 한 해를 마감하는 12월, 서울독립영화제에서 경순 감독의 신작 〈레드 마리아 2〉를 보았다. 이 도발적인 제목의 다큐멘터리는 여성의 몸에 찍힌 낙인 그리고 차별적인 성윤리가 가부장제 사회에서 어떻게 여성을 억압하는지를 파헤친다. 영화를 보자마자 단번에 감이 왔다. 그녀야말로 여성 혐오에 대해 이야기 나누고 싶었던, 내가 찾던 사람이었다.

인터뷰는 감독의 집에서 이루어졌다. 경순은 나를 친구처럼 스스럼없이 맞아 주었다. 불편한 쟁점을 다루는 '문제적' 감독이란 이미지와는 사뭇 달랐다. 회색과 푸른색이 섞인 독특한 머리 색이 눈에 띄었다. 문득 어느 뒤풀이에서 그녀를 스친 기억이 떠올랐다. 당시엔 불타는 빨강 머리였다. 강렬했다. 그때의 인상처럼 경순은 솔직하고 거침없었다.

아마도 현재 한국의 현실인 부익부 빈익빈 현상이 악화되는 경제 구조를 반영하는 게 아닐까요. 전 세계 어딜 봐도 한국처럼 신자유주의가 전 사회를 장악한 나라, 경쟁 구조가 극단적으로 심한 사회는 없으니까요. 게다가 장기 불황과 노동 유연화로 평생직장이라는 신화도 무너졌고. 남자들이 직장에서 보장받던 지위도 흔들리고 동시에 집에서 가장의 자리도 불안정해졌고요. 특히 완전고용이 사라진 상태에서 과거 아버지 세대와 달리 지금 젊은 세대는 계약직, 비정규직을 전전하면서 일자리 하나를 두고 싸워야 하는 암담한 현실이니까요.

그런데 한국 사회에는 이 문제를 해결할 사회 안전망이나 기본적인 복지 시스템이 전무하고, 기존 남성우월주의에 물든 남성들은 자신이 느끼는 불안감과 박탈감을 해소할 출구가 없고, 무력감에서 벗어날 방법도 모르고. 경제권을 상실할지도 모른다는 공포에, 이제는 기존의 가부장으로서 기득권을 뺏기고 있다, 남성의 권위가 실추되고 있다는 위기감까지. 그러니까 남자들이 구석에 몰리고 있는 거죠.

우리 시대에 만연한 혐오. 그중에서도 여성 혐오의 원인을 경순은 이렇게 진단했다.

2016년 5월 17일, 강남역 부근에서 이십 대 여성이 남성이 휘두른 흉기에 목숨을 잃었다. 당시 체포된 범인은 여자들이 자신을 항상 무시해 아무 여성이나 살해하려고 화장실에 숨어 있었다고 말한 것으로 전해졌다. 사건 이후 강남역 10번 출구는 희생자를 추모하고 애도하는, 분노한 여성들의 외침으로 들끓었다. 이 사건은 한국 사회에서 여성 혐오가 위험 수위에 이르렀음을 알리는 경종이 되었다.

열받으면 분노를 해소할 대상이 있어야 해요. 드라마에서 끊임없이 악역을 만들어 내듯이. 예로 일베가 여성을 씹어 대는 방식은 이성적이고 합리적인 사고와는 아무 관계가 없는 철저한 감정 배설일 뿐인데요. 여기에 대고 논리적으로 대응하거나 정치적 올바름 운운하면서 비판하는 것은 아무 소용이 없어요. 여성 혐오의 밑바닥에는 논리고 뭐고 아무것도 없어요. 앞뒤가 하나도 안 맞아요. 그러니까 그냥 여자들이 미운 거죠. 나는 월급도 적고 옷 한 벌 사 입기도 힘든데 네년들은 하는 일도 없으면서 옷 빼입고 쇼핑하고 결혼할 때 그냥 보지만 들고 가면 되는 거잖아. 내 일자리가 모자라고 내가 결혼을 못하고 내 능력을 발휘 못하고 내가 안 되고 안 풀리는 이유가 이게 다 여자들 너희들 때문이야.

하지만 남자들도 모든 여자에게 돈을 내진 않잖아요. 실제로는 자기가 환심을 사고 싶은 여자한테만 돈 내는 거 아닌가. 결국 남자에게 명품 사 달라고 조르는 예쁜 여자랑 그 여자가 오직 자길 위해서 집에서 쩨쩨 끊여 줄 거라 믿는 남자 그러니까 명품 가방 사 줄 능력 있는 남자랑 그렇게 속물끼리 만나는 거 아닌가요?

2000년 후반에 겪었던 일이다. 여성을 하나로 범주화하고 낙인찍는 '된장녀'라는 신조어가 유행할 때다. 함께 일할 스태프를 구하고 있었다. 스타벅스에서 만나기로 했다. 돈이 넉넉지 않은 독립영화 감독에게 그곳은 꽤 편리한 공간이었다. 커피를 시키지 않아도 공짜 인터넷을 쓸 수 있는 데다 눈치 보지 않고 여러 명이 장시간 앉아 회의도 할 수 있었기 때문이다.

된장녀이신가 봐요?

초면에 상대는 툭 이런 말을 던졌다.

네? 저요?
이 커피 한 잔이 한 끼 밥값인데….

상대는 말꼬리를 흐렸다. 그 말이 귀에 거슬렸다. 나는 애써 불쾌감을 누르고 반문했다. 굳이 커피 한 잔 값과 밥값을 비교한다면 당신이 술집에서 쓰는 돈이 이 커피 값보다 밥값보다야 많지 않겠는가라고. 그리고 여기서 커피를 마시는 남자는 그럼 모두 된장남이냐고. 벙찐 표정으로 앉아 있는 그를 보며 나는 이렇게 마무리했다.

하긴 제가 된장찌개를 밥 먹듯 하니 된장녀가 맞긴 하네요.

그는 당황해하면서 기분 나쁘게 할 의도는 아니었다고 했다. 주변에서 '스타벅스 커피 마시는 여자나 명품 좋아하는 여자는 된장녀' 운운하기에 자기도 모르게 생각 없이 던진 농담이었단다. 나는 농담이라는 말에 기분이 더 나빠졌다. 물론 그는 드러내 놓고 여성을 차별하는 성차별주의자이거나 강성 마초는 아니다. 선량하고 책임감 강한 사내이자 성실한 직업인이다. 여성을 좋아하고 여성을 사랑한다고 말하는 사람이다.

하지만 나는 그가 말 그대로 생각 없이(!) 내뱉은 말을 통해, 자신은 성차별주의자가 아니라고 철석같이 믿고 있는 남성들마저도 얼마나 뼛속 깊이 여성 차별적인지를 다시 한번 확인했다. 자신의 성차별적 언어 습관이 바로 차별 의식 때문인지도 모르고 단지 사소한 표현 문제라고 돌리려는 것 자체가 이미 뿌리 깊은 마초 근성을 보여 주는 반증이다. 그런데 이를 인식하지도 의식하지도 못하는 사람이 어떻게 사회적 약자인 여성이 겪는 일상 속 차별을 이해하고 공감할 수 있을까.

자신이 성차별주의자라는 자각이 없는 남성들, 자신의 고정관념에 단 한번도 의문을 던지지 않는 사람들이 습관적으로 저지르는 성희롱과 성적 모욕. 여성들은 일상적으로 이런 일을 겪고 참고 견딘다. 그런 경우가 너무 잦고 많아 일일이 대응하는 것조차 꺼린다. 매번 분노해서 에너지를 다 소모할 순 없지 않은가. 대다수 여성은 꾹 참는다. 모욕감을 느껴도 내색하지 않는다. 못 들은 척하고 안 들은 척한다. 속으로만 울분을 삭힌다. 남성들 태도나 말에 동의해서 가만히 있는 게 아니란 뜻이다.

그토록 외면하고 애써 참았는데도 도저히 견딜 수 없는 순간이 온다. 눈을 감고 귀를 막고 입을 닫아도 피할 수 없는 상황이 온다. 나는 반박한다. 그러면 그들은 날더러 지나치게 예민하다고 한다. 내가 차별이라고 말하면 그들은 별걸 다 따진다고 한다. 내가 성희롱이라고 말하면 그들은 오해라며 억울해한다. 여성, 젠더, 성차별 문제는 부차적이고 시시한 것으로 여기는 한국 사회에서 이를 문제 삼는 나는 사소한 일에 발끈하는 까칠하고 성질 더러운 여자가 된다.

여성 혐오 현상이 심해진다는 건 역으로 말해 세상에 그만큼 괜찮은 여자가 많아지고 있다는 것, 옛날에 비해서 경제, 정치 등 다방면에서 활동하고 주체적으로 발언하는 여자가 많아졌다는 걸 의미한다고 볼 수 있어요. 현실적으로 과거보다 의사, 판사, 교수 등 전문직에 여성이 많아졌고 여성이 진입할 수도 없었던 분야에까지 진출

한 건 사실이거든요. 하지만 전체 여성 노동 인구 중에서 실제로 고소득 고위 임원직, 전문직에 종사하는 여성은 여전히 극소수예요. 그런데도 이런 성공한 전문직 여성 한 명만이 크게 부각되고 노출되는 거죠. 그래서 고학력자 여성이 남성들의 전유물인 일자리를 다 꿰차고 있다는 말도 안 되는 오해, 그러니까 여성이 남성의 지위를 위협하고 있다는 피해의식이 곧 자기방어가 생겨나는 거죠. 그런데 그게 왜 전부 여자 탓입니까? 사회 구조와 경제 문제인데. 그 문제로 고통받는 건 남자나 여자나 다 똑같은데. 그걸 보지 않아요.

남자들이 취업하기 힘들면 여자는 배나 더 힘들어져요. 요즘 여자들은 남자보다 더 교육받고 학력도 더 높아지는데 반대로 취업은 남자보다 못하고 임금은 절반이죠. 그러면 이 똑똑한 여자들이 살아남을 방법은 뭐겠는가. 원하던 원하지 않던 돈 많은 남자를 잡는 것밖에 없어요. 그게 여자에게는 슬프게도 정규직인 셈인데요. 이런 현실은 외면한 채 모든 여자를 돈만 밝히는 속물로 싸잡아 비난해요. TV에서 여전히 반복되는 백마 탄 왕자 만나서 팔자 고치는 신데렐라 스토리를 보세요. 이런 드라마가 여전히 재생산되고 있다는 건 사회 상황과 여성들의 경제적 지위가 점점 더 안 좋아지고 있다는 걸 반증해요.

사람들은 실업이 일상이 된 한국에서 남자보다 여자가 항상 사회, 경제적으로 더 열악한 처지에 놓인다는 사실에는 슬쩍 눈을 감는다. 결혼으로 취직한다는 '취집'이라는 말이 유행하는 것만 봐도 그렇다. 이 말은 남자들이 주장하는 대로 여성이 남성 위에 서 있는 여성 상위 시대가 아니라 오히려 여성들에게는 옛날처럼 결혼밖에 답이 없다는 것 결국 결혼이 평생직장이 되고 있다는 소리다. 그러면 남자들은 또 이렇게 생트집을 잡는다. '거봐, 취직 못해도 너희들은 살아날 구멍이 있잖아. 여자들은 결혼하면 그만이잖아. 하지만 남자는 취직 못하면 결혼도 못해.'

그러나 남자들 말처럼 세상 모든 여자가 결혼만 하면 고민 끝, 행복 시작이며 돈 걱정 없이 놀고먹는 인생을 누릴까. 현실은 오히려 그 반대 아닌가. 금수저 건물주 부모를 못 둔 여자들은 대학교(원)를 졸업해도 취직을 못하거나 늘 고용 불안에 시달리는 질 낮은 비정규직을 얻기 일쑤다. 설령 그럴듯한 직장에 어렵게 들어갔더라도 언제나 해고 1순위다. 결혼해도 상황은 나아지지 않는다. 맞벌이를 하지 않으면 먹고살기 힘든 여성이 태반이며 가부장 대신 가모장이 되어 생계를 전적으로 책임지는 여성도 많다. 남녀 임금 격차는 거의 줄지 않았고 어느 나이대에서나 여성 빈곤율은 남성보다 높다. 그런데도 여성은 항상 남자를 등쳐 먹는다고 욕을 먹는다. 이러나저러나 여성은 '여성'이라는 이유로 비난받는다.

도저히 빠져나갈 구멍이 없다.

그러니 대다수 평범한 여자 처지에서는 내가 남자들이 욕하는 된장 녀처럼 살지도 못하는데 욕을 먹는 것이 부당하고 화나는 거지요. 그래서 저 개새끼 뭣도 모르면서 이렇게 되는 거죠. 현실에서는 남자 돈으로 호사스럽게 무위도식하면서 살 수 있는 여자들이 절대적으로 다수가 아닌데도 남자들은 그런 여자 한 명을 보고 여성 전체를 싸잡아서 비난해요. 이 사회에서 여성들이 어떻게 살고 있는지 여성들이 어떤 대우를 받고 있는가 현실을 직시한다면 결코 그런 비난을 할 수 없어요. 이는 여성들의 삶을 정말 눈곱만큼도 모르고 하는 소리인 거죠.

틈틈이 어렵게 모은 돈으로 해외여행을 가고, 온갖 모욕과 갑질을 견디어 번 돈으로 비싼 가방을 사고, 내 카드로 월세를 내는데도 나는 흥청망청 남자 돈을 낭비하거나 카드빚을 내어 쇼핑하는 과시욕과 허영에 사로잡힌 그렇고 그런 속물 여자가 된다. 남자인 너는 네가 번 돈으로 해외에 가서 다이빙을 하고 술집에서 카드로 몇십, 몇백만 원어치 술을 마셔 대도 욕을 먹지 않는다. 남성의 소비는 당당히 제 돈을 쓰는 행위지만, 여성인 나의 소비는 남자에게 빌붙어 분수에 맞지 않게 돈을 쓰는 사치로 둔갑한다. 이런 시각에는 여성이 자기 노동의 대가로 소비하는 행위는 존재하지 않는다. 노동하는 남성은 있어도 노동하는 여성은 없는 것이다.

경순과 나의 경우를 보자. 영화를 만드는 일은 나나 경순에게
꼬박꼬박 월급을 주지도 떼돈을 벌게 해 주지도 않는다. 영화감독
이란 직업은 무늬만 그럴싸한 전문직 예술가일 뿐이다. 그녀나 나
나 노동으로 밥벌이를 하는 비정규직 일용 노동자. 우리는 생계
를 꾸리기 위해 이것저것 닥치는 대로 아르바이트를 하면서 살아
왔다. 금수저 부모가 있기는커녕 매달 날아드는 공과금 고지서와
월세 등에 스트레스를 받는 흙수저 인생이다. 궁하면 카드빚을 내
었다가 벌어서 갚고 다시 빚을 지는 생활의 반복이다. 우리는 둘
다 중년이다. 그리고 우리에게는 등골 빼먹을 남자도 애인도 남편
도 없다. 싱글맘으로 살고 있는 경순이나 1인 가구로 살고 있는 나
나 스스로를 책임지면서 살고 있다.

> 여성 혐오란 결국 기득권을 상실할 위기에 처한 남성들이 가장 만
> 만하다고 생각하는 여성을 희생양 삼아 터무니없는 이유를 들어 비
> 난하는 거예요. 그렇다면 이 여성 혐오 현상의 밑바탕에 뭐가 있느
> 냐. 가부장제 사회가 양산하는 문화, 바로 남성우월주의, 남성 지배
> 이데올로기가 있어요.

그 말에 불현듯 과거 일이 떠올랐다.
대학 다닐 때 두 차례 남자에게 폭행을 당한 적이 있다. 친하게
지낸 사람도 아니고 같은 학과도 아니었다. 모르는 다른 과 사람
이었다.

문제의 발단은 내가 공공장소에서 학생운동이 부패했다고 지적한 것이다. 학우들의 다양한 의견을 직접 들어 보자며 총학생회가 만든 자리였다. 나는 학생들의 민주적 참여와 비판을 지향한다는 학생회가 운영 방식이나 절차를 투명하게 하지 않는 등 극도로 폐쇄적이고 비민주적이라고, 한마디로 운동권이 썩었다고 비판했다. 학생들이 웅성거렸다. 그 뒤로 캠퍼스를 오갈 때마다 귓가에 욕설이 들려왔다. 잘난 척하는 년, 재수 없는 년, X 같은 년….

어느 날, 학생회 활동을 한다는 어떤 고학번 남자에게 불려갔다. 그는 대뜸 선배라며 이야기 좀 하자 했다. 나는 모르는 사람과는 할 말이 없다고 했다. 그러자 "뭐? 모르는 사람? 담배 꺼!" 하더니 내 손에 든 담배를 후려쳤다. 느닷없는 폭력에 나는 그만 어안이 벙벙해졌다. 최대한 감정을 억누르고 주먹 대신 이성적으로 말로 대화하자 했다. 그랬더니 그는 "이성적으로? 싸가지 없이 어디서 계집애가! 후배 주제에! 어린 게 감히!"라는 욕설과 함께 내 따귀를 갈겼다. 뒤이은 주먹질과 발길질.

세상의 절반은 여성이라고 한다. 절반이니만큼 여성도 권리를 존중받아야 한다고 믿었다. 평소 나는 남녀의 차이보다 남자와 남자의 차이, 여자와 여자의 차이 그러니까 개개인의 차이가 더 크다고 생각했다. 여자든 남자든 모두 같은 '사람'으로 태어났으니 성별 차이 없이 누구나 평등하다고 믿었다. 그러나 따귀를 얻어맞는 순간 그 믿음은 와르르 무너졌다. 성차별이라는 냉혹한 현실 앞에 정의와 평등에 대한 어설픈 낭만적 믿음이 무릎을 꿇는 순간이었다. 내가 바보였다. 평등은 '그들(남성)만의' 평등이었다. 그 평등의 범위에 나를 포함한 여성들은 들어가 있지 않았다. 그들이 입버릇처럼 말했던 '남녀는 평등하다'는 말은 내가 그들이 바라는 여성의 역할에 충실할 때에만 적용이 되는 평등이었다. '동지'라는 말도 내가 남성의 의견에 동의할 때에만 동지인 것이었다. 나는 싸가지 없는 여자는 때릴 수 있다고 믿는 남자들이, 여자를 고분고분하게 가르치려면 주먹을 쓸 수도 있다고 여기는 사람들이 다니는 대학, 그런 사회에서 살고 있었다. 나는 진작 깨닫지 못했다. 이론과 현실은 달라도 너무 다르다는 것을, "민주주의의 요람"이라는 대학도 결국 바깥 사회와 한 치도 다를 바 없다는 사실을 말이다.

당시 그 일로 받은 충격이 몹시 커서 한동안은 귓갓길에 뒤에서 발자국 소리만 들려와도 목덜미에 소름이 돋았다. 민주적이고 평등한 남녀관계, 인간관계가 존재한다고 믿었던 캠퍼스가 마음 놓고 걸어 다니기 두려운 공간이 되었다. 말이 먹히지 않을 때 폭력이라는 수단을 서슴없이 쓰는 남자들이 무서웠다. 길에서 담배를 피우다가 "여자가 어디서 감히 담배를 피워!"라며 모르는 남자에게서 폭행을 당했다는 이야기가 남의 일이 아니었다.

평등이라는 것은 어떤 올바름에 대한 평등이 아니에요. 소위 여성에게 남성과 동등한 선거권이 주어진다고 해서 즉 여성이 좀 많아졌다고 해서 더 많은 올바름을 대변하지 않는다는 거예요. 남성이

많다고 해도 마찬가지고요. 그건 그냥 정치인 거예요. 평등이란 것
은 듣기에 멋지고 아름다운 관념 따위가 전혀 아녜요. 남녀평등이
뭐냐고요? 남녀 양쪽 힘겨루기가 비슷하게 균형을 잡는 것이 바로
실질적 평등이에요. 이건 어떤 모습이든 간에 서로 비슷하게 갈 필
요가 있다는 거죠. 나쁜 년이 나쁜 놈과 공존하는 사회에서 힘겨루
기가 되어야 하는 거 그러니까 개쌍놈이 많으면 개쌍년도 많아져야
하는 거죠.

그날 이후 나는 수백 번도 넘게 곱씹었다. 내가 여자가 아니었
다면 그렇게 쉽게 손이 올라왔으며 함부로 육두문자를 날렸으며
힘으로 제압하려 들었을까를 생각하고 또 생각했다. "계집애가 싸
가지 없게"라는 말이 뼈아프게 다가왔다. 나이도 어린 게 더구나
여자가 어디서 감히 남자에게 대드는가. 여자 주제에 어떻게 남자
의 영역에서 함부로 나서는가. 여자가 여자답지 않아서 그것이 내
가 맞아야 하는 이유였다. 내가 비판했을 때 나는 뭣도 아닌 그저
'년'이었다. 남자와 동등한 목소리로 자기주장을 하는 나는 맞아
도 싼 "나쁜 년", "개쌍년"이었던 거다.

가부장제 사회에서는 "개쌍놈"은 허용돼도 "개쌍년"은 허용되
지 않는다.

어렸을 때부터 난 성차별에 유독 민감했다. 가뜩이나 분열하는
가부장의 표본 같던 아버지, 권위주의적이고 폭력적인 아버지 밑
에서 자라 불평등과 폭력에 대한 반감이 몹시 컸다. 그랬기 때문

에 대학 때 그 사건은 더욱 큰 상처로 남았다. 깊은 절망이 찾아왔다. 깊이를 헤아릴 수 없는 상처를 아주 오랫동안 들여다봐야 했다. 참으로 긴 시간이었다. 아울러 이 일은 내게 커다란 계기이자 전환점이 되었다. 그 후로 나는 대한민국에서 여성으로 산다는 것에 대해, 사회적 약자로 산다는 것에 대해 전과는 다른 시각으로 더 치열하게 생각하게 되었다.

이 이야기를 할 때마다 주변 남자들이 펄펄 뛰며 성토를 한다. 그런 자식은 사내도 아니다. 때릴 데가 어디 있어 여자를 때려. 그런 자식은 겁나게 패야 한다. 나는 지금까지 한번도 여자를 때려본 적이 없다. 말도 안 된다. 아직도 그런 봉건적인 남자들이 있냐고 말이다. 남자들의 즉각적이고 감정적인 격한 반응에 나는 쓰게 웃는다. 물론 맞다. 당신은 절대로 그런 짓을 할 사람이 아니다. 아닐 것이다. 하지만 때릴 데가 있어서 때리는 것도 아니고 때릴 곳이 없어서 못 때리는 것도 아니다. 문제는 그게 아니다. 그런 작자는 사내도 아니라고 하지만 그 말은 틀렸다. 그 역시 사내 맞다. 나는 조용히 그들의 말문을 막는다. 이런 태도는 단지 당신이 남자로서 자존심이 상했다는 걸 반증할 뿐 정작 피해자였던 내게는 아무런 도움도 위로도 되지 못한다고. 나는 남자들이 이성적이고 논리적이라는 말을 믿지 않는다. 남자들은 누구보다 더 감정적이고 비합리적이다. 그리고 당신도 다르지 않다고.

물리적 폭력을 행사했느냐 안 했느냐는 문제의 핵심이 아니다. 폭력은 물리적인 것만이 아니다. 약자에 대한 감수성이 부재한 당신이, 무신경한 당신이 던지는 말 한마디가 때로는 폭력이 될 수 있다는 사실을 깨닫지 못한다면, 여성 혐오라는 폭력의 근원에 무엇이 있는가에 대한 반성과 성찰이 따라 주지 않는다면, 당신이 보여 주는 공감은 공감이 아니다. 당신이 보여 주는 연대는 연대가 아니다. 그것은 자신은 관계없다는 궁색한 변명이자 나 몰라라 하는 비겁함일 뿐이다.

아내나 애인을 구타하는 남자와, 그럴 만한 이유가 있어서 때렸겠지 하고 생각하는 남자는 다르지 않다. 인터넷상에서 여성에 대한 비하와 혐오 발언을 일삼는 남자와, 여자가 어디 감히 길거리에서 담배를 피우냐며 못마땅하게 꼬나보는 남자는 다르지 않다. 여자는 일보다 가정에 충실해야 한다고 믿는 당신이나 자신은 나름 집안일을 도와주는 진보적인 남자라고 믿는 당신은 다르지 않다. 요즘은 남자가 여자보다 더 차별받는다고 생각하는 당신과 여자를 명예살인 하는 남자는 하나도 다르지 않다. 비약이 너무 심하다고? 그렇지 않다. 어느 사회, 문화권, 환경에서 살고 있느냐에 따라서 경중이 다를 뿐이다.

세상에는 별별 남자들이 있듯이 별별 여자들이 있어요. 도대체 어디까지가 여자다운 것인가 어느 선까지가 남자다운 건가. 그 기준이 뭔가. 정말 기준이 단 하나인가. 세상에 그 기준에 딱 들어맞는 사람만 있을까. 그런데 인간은 그렇게 단순하지 않아요. 정체성은 고정된 게 아니라는 건데요. 어떤 여자는 상대적으로 더 마초적일 수 있고 어떤 남자는 상대적으로 더 여성스러울 수도 있어요. 남자 같은 여자도 있고 여자 같은 남자도 있고. 그걸 받아들여야 하는 거죠. 여자는 이래야 한다 남자는 이래야 한다는 말은 진실이 아니라 고정관념일 뿐이에요. 어떤 잣대 하나로 기준을 만들어서 한쪽 성에만 가두려고 하는 것, 그게 바로 고정관념인 거죠.

어느 걸그룹 가수가 입방아에 올랐다. 중성적이고 소년 같은 이미지란 이유로 '남장 여자'라는 꼬리표를 붙이는가 하면 '걸그룹이라더니 남자네'라는 조롱이 이어졌다. 여자답지 않은 외모가 시빗거리가 된 것이다. 그러나 그녀가 무엇을 입던 어떻게 꾸미고 다니던 그것은 그녀 개인의 선택이 아닌가.

이 세상에는 셀 수 없을 정도로 다양한 여성과 남성이 있다. 그러나 현실에서는 수많은 개인적 차이가 삭제되고 오직 하나의 여성다움과 남성다움만이 강요된다. 우리는 어렸을 때부터 남자는 남자답게 여자는 여자답게 행동하라는 말을 들어 왔다. 하지만 어느 누구도 새더러 암컷다운 새가 돼라거나 수컷다운 새가 돼라고 하지 않는다. 고양이더러 수고양이답게 암고양이답게 살라고 말하지 않는다. 암컷은 그냥 암컷인 것이고 수컷은 그냥 수컷이다. 성별은 생물학적으로 타고난 것일 뿐이다. 그런데 사람은 왜 유독 그 성별을 갈라 계집애다워야 하고 사내다워야 한다는 것일까. 그냥 사람다우면 되는 게 아닐까. 그것으로 충분하지 않을까.

한국 사회는 너무도 손쉽게 타인의 취향이나 외모를 지적해요. 특히 여성의 경우에 예외가 없어요. 화장하지 않은 여성에게 예의가 없다고 비난하다가도 화장이 진한 여성에게는 야하다 천박하다고 비난해요. 어떤 식으로든 여성은 스스로가 아니라 타인의 시선으로 규정되고 그 기준에서 벗어나면 비난받아요. 그러니 내가 그 취급을 받을까 봐 낙인이 찍힐까 봐 여자들이 결사적으로 반대하는 거지. 그래서 같은 여성인데도 연대해 줄 수 없는 거고 남자의 비난에 여성이 동조, 가세하는 거죠.

가부장제 사회에서 사람들은 성별을 분리해서 사고하잖아요. 예를 들어 남자가 성경험이 많으면 대단하다 무용담이 되지만, 여자의 경우는 개 걸레야 아무하고나 자 이렇게. 아빠의 바람은 용인되지만 엄마의 바람은 미친년 죽일 년. 그래서 전 반대로 이렇게 말해요. 여자가 걸레라는 건 능력 있다는 거다. 안 그런가?

대학 때 술자리에서 있었던 일이다. 여자가 자기보다 어리면 애 취급에 툭하면 오빠질에 술 취하면 성희롱 발언을 일삼던 선배가 있었다. 자정을 훨씬 넘긴 시각이었다. 한껏 취기가 오르자 그는 성경험 무용담을 늘어놓기 시작했다. 미아리 집창촌에 갔던 이야기를 하다 무심코 날 보더니 화들짝 놀랐다.

야, 넌 여자애가 왜 아직까지 안 가고 있는 거야? 이런 데 끼지 마.
선배가 가라 마라 할 자격 없는데.

이 시간까지 술 먹는 딸을 아버지가 가만 두냐? 나 같으면.

선배가 내 아버지는 아니잖아?

그러다가 남자한테 험한 꼴 당하면 어쩌려고 그래? 일찍일찍 다녀.

왜? 내가 취하면 그 틈을 타서 선배가 덮치기라도 하려고?

기가 차서 면상을 한 대 갈겨 주고 싶었지만 예의 바르게 웃으면서 대답해 줬다. 그러자 그는 네가 언제까지 버티나 보자라는 심사인지 제 경험을 줄줄이 늘어놓았다. 한참 진지한 표정으로 경청하고 나서 나는 말했다.

아하, 그러니까 선배는 자기가 걸레라는 거네? 재밌네.

그 순간 모든 남자가 침묵했다. 난 태연히 술잔을 비웠다. 그날 밤 걸레라고 규정당한 그 선배는 기분이 어땠을까. 문득 궁금해진다. 여자들이 어떤 기분으로 살고 있는지 백분의 일이라도 느낌이 왔을지. 이 사회에서는 똑같은 언어도 누가 쓰느냐에 따라 의미가 달라진다. 성경험이 풍부한 여자는 걸레가 될 수 있지만, 성경험이 풍부한 남자는 걸레가 되지 않는다. 여자가 걸레라면, 남자 역시 걸레여야 하는 것 아닌가.

가부장제 사회는 남성과 달리 여성에게는 자신의 성과 욕망을 혐오하도록 가르쳐요. 정절을 지킨 여자는 포상하고 정절을 못 지킨 여자는 욕먹어도 싸다는 논리. 착한 여자는 칭찬하고 나쁜 여자는 비난하는 식으로. 그런데 성에 대한 이런 이분법적인 이데올로기가 공고화되면 여성은 자기에게 낙인이 찍힐지도 모른다는 두려움에 무의식적으로 자기 검열을 하게 돼요. 남성들이 만들어 놓은 여성 혐오라는 덫을 여성 스스로 내면화하는 거죠.

여성 혐오는 남성들한테만 있는 게 아녜요. 여성 스스로 여성을 혐오하기도 해요. 여성 내부에서도 성의 이분법에 들어맞지 않는 여성을 배제하고 단죄하고 배척하는 경향이 있어요. 딸들의 전쟁인 거죠. 남성이 여성을 혐오하는 건 맞서 싸울 수 있어요. 문제는 여성들 스스로가 자기혐오를 지니고 있을 때 그걸 깨기가 더 힘들다는 거예요.

경순을 방문한 지인이 우리 대화에 합류했다. 그는 〈레드 마리아 2〉를 보고 여성의 여성 혐오에 대해 진지하게 생각하게 되었다며 일례로 자신의 이야기를 들려주었다. 애인과 모텔에 갔단다. 그런데 방음이 덜된 옆방에서 남녀가 나누는 소리가 들렸다. 안 듣고 싶었지만 어쩔 수 없었다. 듣다 보니 성매매를 하는 상황인 듯했다. 자꾸 신경이 쓰여서 불편해하자 남자친구가 볼멘소리로 우리랑 다를 바 없는데 뭘 그러냐고 했단다. 순간 그녀는 자신을 돈 때문에 섹스하는 성매매 여성과 똑같이 취급했다는 사실에 너무 화가 났다고 했다. 기분이 극도로 나빠져서 결국 둘이 대판 싸웠다는 이야기였다. 그녀는 이성적으로는 섹스란 점에서는 같다고 인정하면서도 감정적으로는 받아들이기 어려웠다고 했다. 남자가 그런 의도로 한 말이 아닌 걸 알면서도 여자인 내가 그렇게 받아들인 건 왜일까, 난 왜 그렇게 분노했던 걸까 그녀는 알 수 없었다고 했다. 돈을 주고 섹스를 할 때와 사랑으로 할 때 뭐가 다른지도 혼란스러웠다고 털어놓았다. 그러면서 이렇게 반문했단다. '누구는 돈을 받고 하고 누구는 사랑해서 한다는 이유로 여성들이 선을 긋는 이유는 뭘까? 여기는 사랑, 저기는 머니? 무엇이 진짜 성에 대한 판타지 또는 로맨스인가?' 구체적인 상황에서 느끼는 감정은 사람마다 다르겠지만, 많은 여성이 이와 비슷한 경험을 하거나 그 지인과 같은 갈등을 겪은 적이 있을 것이다. 나 역시 오래전 비슷한 상황에 처했던 기억이 있다. 공감이 갔다.

그러자 듣고 있던 경순이 이렇게 말했다.

'성매매 여성이랑 뭐가 달라?'라고 했던 상대의 말은 둘을 똑같이 취급한다는 뜻은 아니었다고 봐요. 그건 '우리나 저기나 똑같이 섹스하고 있는데 뭘?'이라는 의미가 아닐까. 남자가 그 말을 하기에 적절한 상황은 아니었지만 그 상황에서 그럼 나도 창녀란 말이야?라는 식으로 여자가 반응한다면 이게 여성에 대한 여성 혐오가 아니면 뭔가. 여자들이 창녀라는 이름에 발작을 일으키는 이유, 자신과 창녀를 반드시 구별해야 하는 이유, 성노동을 극도로 혐오하는 이유는 다른 게 아녜요. 창녀가 된다는 건 남자와 이 사회의 비난을 받는 여자, 혐오의 대상인 성에 난잡한 여자가 되는 거죠. 그러니까 여

여성 혐오는 남성들한테만 있는 게 아녜요.
여성 스스로 여성을 혐오하기도 해요.
여성 내부에서도 성의 이분법에 들어맞지 않는
여성을 배제하고 단죄하고 배척하는 경향이 있어요.

성 스스로 자기 검열을 한 거죠. 여성 내부에서도 여성 규범에 들어 맞지 않는 여성을 혐오하는 거지요. 기존 가족 구조 내에 포함할 수 없는 여자들, 성의 이분법에서 벗어나는 여자들의 존재 자체가 문제가 된다는 거죠.

'그 여자'와 나는
다르다는 구별 짓기

이 사회에서 여자에게 가하는 가장 모욕적인 비난의 말이 바로 '창녀'다. 가부장제는 인간의 생물학적 성을 사회적 성, 즉 젠더로 구별해야만 작동, 유지된다. 남성다움, 여성다움이라는 고정관념으로 남성과 여성을 가르는 젠더에 대한 차별은 무엇보다 성 문제를 다룰 때 더욱 확연하게 드러난다. 〈레드 마리아 2〉에서 우리가 소위 성매매라고 부르는 일에 종사하는 여성들은 자신의 목소리로 당당하게 자신의 '성노동'에 대해 말한다. 돈을 받고 하는 섹스를 자신의 직업이라고, 자신을 성노동자라고 소개하는 그들을 보고 대다수 관객 특히 여성들은 충격을 받고 혼란에 빠진다. 성매매는 여성이 성적 욕망이 없는데 강압적으로 하는 것이므로 성폭력이고 당연히 나쁜 것이라고 알고 있기 때문이다. 그런데 다큐 속의 여성들 말에 따르면 이 논리가 깨진다.

성매매를 노동으로 인식하는 성노동자라는 존재를 상상하기도 싫다고 혐오하고 거부하는 마음은 뭘까. 그건 바로 공포죠. 그 사람들도 나와 다를 바 없는 사람이라는 걸 인정하는 게 두려운 거랄까. 그 사실을 인정하면 그녀와 내가 구분되지 않을 수도 있기 때문에. 그러니까 나는 어떻게 해서라도 그들과 구분되고 싶다는 생각. 여성이라면 절대 해서는 안 되는 일을 하는 더럽고 불결한 그녀와 깨끗하고 순결하고 바른 여성인 나를 분리하고픈 마음인 거죠.

여성이 자기 성을 혐오하는 상태에서 매춘을 노동이라고 인식한다는 건 더욱 어려운 일인 거죠. 그렇기 때문에 여성들은 받아들이기 힘들어요. 성노동자 여성이 나와 다른 건 성매매를 한다는 것일 뿐이다, 그들도 나와 같은 평범한 여성이고 성노동으로 번 돈으로 밥도 먹고 아이도 키우고 사랑하고 살아간다는 현실을 절대로 받아들일 수가 없어요. 그건 자신에겐 도저히 가능하지 않은 상상력이니까요.

한국만큼 성문화에 대해 뒤에서 호박씨 까는 사회도 없다. 소위 '원 나잇'이라는 욕망을 충족하기 위한 하룻밤 섹스조차 여성의 경우는 대놓고 드러내기도 말을 꺼내기도 어렵다. 여성 대부분은 사랑 없는 섹스를 하면 안 된다고 여긴다. 여성은 섹스만을 위한 섹스를 한다는 것도 상상하기 힘든데 하물며 성매매를 성노동으로 부르는 것, 속된 말로 몸을 팔아 생계를 유지하는 것, 즉 돈을 받고 섹스를 하는 것을 '노동'이라고 말할 수 있겠는가. 따라서 사랑 없는 섹스, 돈이 오고 가는 섹스는 모두 불결하고 더러운 것으로 금기시해야 하는 것이다. 경순의 말대로 성노동자 여성은 이유 불문하고 그 자체로 혐오스럽게 여겨진다. 그러므로 대다수 여성은 자신을 극도로 불편하게 만드는 이 혐오의 정체가 무엇인지를 파악하느니 차라리 성노동자의 존재 자체를 인정하지 않으려 한다. 여성이든 남성이든 한국 사회 대부분 사람에게는 성노동이 '도저히 가능하지 않은 상상력'인 것이다.

남자들만 된장녀, 김치녀를 욕하는 게 아니에요. 여자도 같이 욕하죠. 그리고 이렇게 생각하는 건데요. 난 그런 여자 아니야 난 헤픈 여자 아니야 난 개념녀야. 난 다이어트나 성형하는 골 빈 여자가 아니야. 그런데 외모 지상주의자들을 혐오하면서 동시에 나도 그렇게 해서라도 예뻐지고 싶어, 성노동자를 창녀라고 비난하고 그건 나쁜 짓이야 성매매는 영혼을 파는 짓이야라고 생각하면서 동시에 나도 낯선 남자랑 자고 싶어 섹스하고 싶어라고 욕망한다는 거죠. 두 욕망이 충돌하는 겁니다.

누구에게나 일탈하고 싶은 욕망이 있어요. 우연히 아무하고나 섹스하고 싶다는 욕망 판타지는 누구에게나 있다는 거. 원 나잇을 하고 새로운 걸 시도해 보고 싶은 충동, 여자들도 이상한 짓을 하고 싶고 모험하고 싶은 욕구와 충동이 있지만 여자가 할 수 있는 선택 폭이 좁으니까, 아니 선택권이 아예 없으니까 혼자서 꿈꾸는 거죠. 백마 탄 왕자를 그리는 거랑 똑같아요. 이 사회에서는 받아들여지지 않으니까 억누르고 감추고 있는 거죠. 다만 드러내지 못할 뿐이죠. 일탈할 공간이 전무한 사회니까요.

무엇보다 한국같이 철저한 가부장제 사회에서는 남녀 모두 섹슈얼리티 문제에서 절대 자유롭지 않아요. 한국 사회가 과거보다 성에 훨씬 개방적이며 자유로운 사회가 되었다고요? 천만에요. 예전에 비해 그냥 열린 년들이 조금 늘어났을 뿐이지. 대한민국에서 여성의 성, 욕망, 섹슈얼리티, 젠더 해방 어쩌구저쩌구 떠드는데 다 개뿔이에요. 실제 개개인의 성경험을 보면, 주변에 평범한 여자들 섹스를 둘러보면 여전히 보수적인걸요. 성이 보수화되는 건 사회가 보수화된다는 거죠. 이거 하나만 봐도 변한 게 별로 없어요. 정작 현실은 이런데 입으로만 섹슈얼리티를 떠들고 있으니 황당하죠. 몸과 마음이 따로 노는 섹슈얼리티잖아요.

경순 말처럼 가부장제 사회에서 욕망에 충실한 삶은 남성의 전유물이다. 욕구 충족만을 위한 섹스는 남자에게는 허락되지만 여자에게는 허락되지 않는다. 자유로운 성, 섹스란 여성에게 열려 있지 않은 금지된 상상력인 것이다.

그러나 욕망에 남녀 차이는 존재하지 않는다. 여자도 남자와 똑같은 욕망과 성욕이 있다. 여성들이 자신의 성에 대해 당당하게 말할수록 욕망에 솔직할수록 더 자유로워지고 주체적이 된다. 그런 여성은 더는 남성의 손아귀에 있지 않고 남성과 동등해지려 하므로, 가부장제 사회를 유지하는 근간인 성의 이분법, 즉 여성과 남성을 분리하는 이중 잣대가 흔들리게 된다. 그 때문에 가족 구조 내에 포함될 수 없는 여자들, 자유로운 여자들의 존재 자체가 문제가 되는 것이다. 결혼하지 않는 여자들, 결혼 제도에서 벗어난 이혼한 여자들 또는 결혼 제도 안에 있으면서도 남자와 똑같은 욕망을 실현하려는 여자들은 가부장제 사회에서 위험한 존재다. 예를 들어 철저히 자신의 욕망에 따라 살고자 하고 그 무엇에도 누구에게도 예속되지 않는 자기 자신이 되고자 하는 여성은 가부장제 사회에서 그 자체로 반역이고 악이다. 이런 여성은 존재 자체가 공포이자 혐오의 대상이다. 그녀의 존재는 성의 이분법이 얼마나 여성 차별적인지를 적나라하게 드러내기 때문이다. 그녀들은 부도덕하고 문란한 여자라고 마녀 또는 악녀로 낙인찍힌다. 결혼 제도에 안주하는 여성은 성녀이고 현모양처이지만 욕망에 충실한 여성은 타락한 여성이다. 그러므로 여성들은 내면에 욕망이 있더라도 드러내면 안 된다. 혐오의 대상으로 낙인찍히지 않기 위해서라도 혐오의 대상인 '그녀'와 자신을 분리해야 한다. 여성이 여성을 혐오하는 이유는 '그녀'가 싫어서도 자신과 달라서도 아니다. 단지 처벌과 모욕이, 배제와 낙인이 두려워서일 뿐이다.

페미니즘은
실로 남성에게도 이롭다

섹스는 결혼한 사람이랑, 사랑하는 사람하고만 해야 한다고 생각하는 여자도 있지만 그와 무관하게 자유롭게 섹스를 즐기고 싶은 여자도 있다. 결혼하고 싶은 여자도 있고 결혼하기 싫은 여자도 있다. 아이는 원하지만 결혼은 원치 않는 여자도 있고 결혼은 원해도 아이 없이 살고 싶은 여자도 있다. 이렇듯 세상에는 무수히 다양한 여자가 있으며 그녀들은 같고도 다른 다양한 욕망을 갖고 있다. 지배 질서에 따르지 않는 삶도, 제도에 구속되지 않는 삶도, 주류에 끼여 들어가지 않는 삶도 삶인 것이다. 주체적으로 살고자 하는 욕구는 성별에 따라 다른 것이 아니다. 오롯이 자신의 선택이며 개개인의 권리이다. 어느 누구도 한 '개인'이 선택한 삶을, 그 삶의 방식을 비난하고 모욕할 자격은 없는 것이다.

> 그럼 이런 가부장제가 남자에게 마냥 좋기만 하느냐. 그렇지도 않아요. 남자도 자유롭지 않아요. 여자들이 여자다움이라는 자기 검열에 시달린다면 남자 역시 남자다움이라는 것, 남자의 위신을, 가부장의 권위를 지켜야 한다는 끊임없는 강박에 시달리죠. 남자들의 세계에서는 남성답지 못한 남성을 왕따시켜요. 예를 들어 군대 안 갔다 온 남자나 동성애자들이 표적이 되지요. 결국 남자나 여자나 가부장제라는 구조의 피해자라는 점에선 똑같아요. 그렇다면 자꾸

남성을 적으로 배격하고 제외하는 젠더 운동 구조도 바꿔야 해요. 여성 혐오에 반대하는 분들의 싸움이 남성과의 싸움으로 변질되는 걸 경계해야 하고요. 남성들 역시 페미니즘이 여성만의 운동이 아니라 남성 자신과 여성을 해방시키는 운동이라는 것을 스스로 인식해야 하고 페미니스트가 되어 여성들과 연대해야 한다고 봐요. 가부장제에 대한 투쟁은 남녀 차이가 없어요. 여성 혐오에 반대하는 여성과 남성이 성차별주의자와 남성우월주의자에 맞서 함께 대항해야 하지 않을까요?

'여성 혐오'는 남성에게는 여성 멸시를, 여성에게는 자기혐오를 주입시킨다. 가부장제의 일차적인 피해자는 여성이다. 그러나 기득권을 쥐고 있는 남성 또한 자신이 가해자이자 피해자임을 인식해야 한다. 차별과 배제로 억압당하는 여성과, 불안과 강박 탓에 분열하는 남성은 똑같이 희생자다. 남자는 여자가 아니라서 페미니스트가 되지 못한다고 말하는 사람들이 있다. 잘못 알고 있는 것이다. 페미니즘은 여성'만'을 위한 학문도 '여성성'을 위한 운동도 아니다. 페미니즘은 여성과 남성이라는 성별을 넘어선 인간다움이 무엇인가에 대한 자기 '인식'이다. 성평등이라는 과제는 결코 여성만의 문제가 아니다. 무엇보다 성평등은 여성뿐만이 아니라 남성에게도 진실로 가장 이롭다.

무엇보다 현실을 제대로 직시하려면 일단 두려움을 인정하고 상황을 판단할 수 있을 만한 시간과 여유가 필요해요. 남자나 여자나 서로 이야기를 들어 보고 서로의 차이를 인정할 수 있을 때까지 생각하면서 기다리는 여유가 있어야 되는데요. 그런데 지금 한국 사회는 여유는커녕 생각 자체를 하기 힘들 정도로 속도에 미쳐 돌아가고 있다는 거. 이런 사회인 게 더 큰 위기예요. 아무튼 이 위기가 어떻게 해결되는가에 따라 여성 혐오 문제도 달라질 수 있다고 봐요. 그런데 이 과정은 정치로는 이루어 낼 수 없어요. 바로 문화로 교육으로 운동으로 바꿔 내야 해요.

지금 한국 사회에서는 오랫동안 당연시했던 봉건적인 고정관념이 빠르게 깨져 가고 있다. 그런 사회 현실에 비해 가부장제 이데올로기는 여전히 강고하다는 것이 문제다. 이런 차이로 사람들은 방향 감각을 잃어 어쩔 줄 몰라 하면서 공포에 사로잡히고 있다. 그러나 위기는 동시에 변화의 계기도 된다. 바야흐로 변화를 이끌어 내야 할 때가 왔다.

경순

　　프로덕션 '빨간 눈사람'을 만들어 영화 작업을 하고 있다. 1999년 다큐멘터리 〈민들레〉를 시작으로 〈애국자 게임〉(2001), 〈사람은 무엇으로 사는가〉(2004), 〈쇼킹 패밀리〉(2006), 〈잼 다큐 강정〉(2011), 〈레드 마리아〉(2011), 〈레드 마리아 2〉(2015) 등을 만들었다.

　　경순은 한국 가부장제의 모순을 날카롭게 비판, 해부하는 작업 등 여성의 눈으로 관습과 고정관념이라는 매트릭스 구조를 깨뜨리는 작품을 만드는 데 주력해 왔다. 〈쇼킹 패밀리〉가 가족 이기주의를 만들어 내는 가부장제 이데올로기에 대한 비판이었다면 〈레드 마리아〉, 〈레드 마리아 2〉에서는 '위안부'와 성노동자 여성의 목소리를 들려준다. 경순은 가부장제 사회에서 엄연히 존재했지만 여성사에도 노동사에도 기록되지 않은 집 밖의 여성들, 소외된 여성들의 존재를 스크린으로 당당하게 불러냈다.

　　경순이 바라는 세상은 고정된 성역할이라는 젠더를 넘어서는 것이다. 여성이, 남성이 주체로, 개인으로서 자유로워지는 세상이다. 그녀는 우리가 당연시하는 것에 항상 의문을 품는다. 메스를 들이대고 왜냐고 질문하기를 주저하지 않는다. 경순은 거기서 비롯된 불편함들이 바로 우리가 여태껏 외면해 온 또 다른 진실이라고 말한다. 그녀는 단지 생각이 다르다는 이유로 배제하고 차별하는 사회, 남과 다르다는 것 때문에 모든 걸 잃을 각오를 해야 하는 사회는 부당하다고 생각한다. 자유롭고 민주적인 사회는 나와 다른 생각, 정체성, 상상력에 문을 활짝 열어 놓는 것이라고 믿는다. 경순이 계속 카메라를 드는 이유다.

2장.

그건
장애인 혐오라고
조목조목
알려 줘야죠

— 이길보라 감독

2015년 여름, 나는 예기치 않은 사고로 인대 재건 수술을 받았다. 병원에 누워 있는 동안 휠체어를 타고 다녀야 했다. 화장실에 가려면 한바탕 야단법석을 떨어야 했는데 휠체어에서 변기로 옮겨 앉기란 서커스를 하는 것이나 다름없었다. 화장실에 한번 다녀오면 그야말로 녹초가 되었다. 병원은 장애 환자를 위해서 최적화된 공간이라 휠체어로 다니지 못하는 곳이 없어 그나마 다행이었다. 하지만 난생 처음 수족을 자유롭게 쓰지 못한다는 사실이 주는 불편함과 스트레스는 내 상상을 초월했다.

더 큰 난관은 퇴원한 후에 닥쳤다. 제대로 쓰지 못하는 한쪽 다리로 일상생활을 해 나가기란 생각처럼 쉬운 일이 아니었다. 좌식생활에 맞춰져 있는 집에서 보조기를 차고 목발을 짚고 지내야 했으니 '미션 임파서블'이 따로 없었다. 손발이 자유롭지 못하면 일상생활 전반에 심각한 제약이 뒤따른다는 사실을 체감하는 순간이었다.

집 밖으로 나서면 문제는 더 심각해졌다. 버스 타기는 아예 포기했고 무조건 전철을 이용했다. 그런데 전철도 만만치는 않았다. 비교적 근래에 개통한 노선은 그나마 엘리베이터가 타고 내리기 편리한 위치에 있었지만 대부분 역은 엘리베이터까지 한참을 걸어가야 했다. 엘리베이터를 찾아 헤매는 일도 비일비재했다. 병원에 갔다 오면 하루가 다 갔다. 기진맥진해서 쓰러지기 일쑤였다. 정작 재활 치료 시간은 한 시간 정도였다.

계단을 두세 걸음에 뛰어 내려가거나 신호등이 바뀌기 무섭게 줄달음치는 일. 문을 자연스럽게 한 손으로 밀고 들어가는 것. 다치기 전에는 아무것도 아닌, 정말 별거 아닌 일이었다. 의식해 본 적도 없었다. 그런데 장애인이 되고 나니 이 모든 게 하나같이 위험을 무릅쓰고 통과해야 하는 시험대처럼 다가왔다. 어디를 가든 문턱이 있었고 계단도 셀 수 없이 많았다. 목발로도 엄두가 나지 않는데 만일 휠체어를 타고 있다면 어떻게 지나갈 수 있을까. 목발을 짚었을 땐 다른 손으로 육중한 회전문을 쉽게 열 수도 없었다. 횡단보도를 건널 때는 신호등이 너무 빨리 바뀌었다. 어디를 가든 입구 유리문을 여닫는 일이 너무 힘들었다. 빠른 걸음으로 오가는 행인들 사이를 지나가는 것도 겁났다. 다치기 전에는 전혀 몰랐던 세계, 겪어 보기 전에는 상상하지 못했던 세계였다.

석 달 동안 장애인으로 살면서 내가 피부로 느낀 것은 서울이라는 도시가 장애인에게 결코 호의적이지 않은 공간이라는 사실이었다. 이 도시가 장애인에게 얼마나 불편하고 불친절한지를 뼈저리게 깨달았다고나 할까. 사방에서 '장애인은 접근 금지!'라고 외치고 있는 것만 같았다. 도시 환경이 과거보다 많이 나아졌다고는 하지만 장애인에게는 여전히 안전하지 않다. 도처에 위험이 도사리고 있다.

사실 나는 이런 말을 할 자격이 없다. 고작 석 달 동안만 일시적인 장애인이었기 때문이다. 세상에는 태어날 때부터 또는 후천적으로 영구적 장애를 입어 평생 장애를 안고 살아야 하는 사람들이 있다. 그들이 살아가는 세상을 안다고 나는 감히 말할 수 없다. 그렇지만 예기치 못한 사고와 수술 그리고 재활 경험은 장애에 대한 내 시선을 많이 바꾸어 놓았다. 지금까지 내게 장애는 결코 일어나지 않을 일이었다. 장애의 세계는 나와 상관없는 세상이자 굳이 알 필요가 없는 것이었다. 그렇게 믿고 살았다. 하지만 아니었다. 장애인으로 잠시나마 생활하면서 나는 머리로만 생각하던 장애를 마음으로 몸으로 다시 생각하게 되었다.

"그건 혐오야"
조목조목 알려 주기

2015년 11월 서울시 교육청과 정부 기관은 제기동의 한 중학교 건물 안에 발달장애인 직업훈련센터를 개관할 예정이었다. 그런데 이를 반대하는 지역 주민들의 시위가 잇달았다. 주민들은 남녀 공학인 중학교에 '성인' 발달장애인이 드나들 수 있어 위험(!)하다고 주장했다. 성폭력 등 범죄에 노출될 수 있다는 것이다. 이런 우려는 성인 발달장애인은 모두 잠재적 성범죄자라는 논리다. 나는 적이 놀랐다. 주민들은 발달장애인을 대놓고 범죄자 취급하고 있었다.

결사반대를 외치는 성난 주민들 앞에 장애인 부모들이 눈물을 흘리면서 무릎을 꿇는 모습이 뉴스에 나왔다. 설립을 제발 허락해 달라는 호소였다. 하지만 주민들은 장애인과 장애인 부모를 향해 차마 입에 담을 수 없는 막말과 폭언을 쏟아 냈다. 그 광경을 보고 있노라니 참담했다. 이 둘은 서로 다른 사람이 아니지 않은가. 자식을 둔 부모라면 누구나 제 자식을 위하는 게 인지상정이다. 내 새끼가 소중하면 남의 새끼도 소중한 거다. 내 가족이 제일이면 남의 가족도 마찬가지다. 장애인을 자식으로 둔 부모라고 해서 자식을 사랑하는 마음이 비장애인 부모와 다르지는 않을 것이다. 그런데도 한 부모가 다른 부모의 마음을 헤아려 주지 못하다니. 가슴이 미어졌다. 비극이었다.

한쪽에 자신들의 발언이 장애인 혐오라는 사실조차 자각하지 못하는 사람들, 장애인 혐오는 당연하다는 듯 행동하는 사람들, 그런 자신을 부끄러워할 줄 모르는 사람들이 있다면 다른 쪽에는 장애인을 혐오하는 반인권적 작태를 마치 혐오가 아닌 양 보도하는 언론이 있었다. 전자가 지금 한국 사회의 인권 감수성이 얼마나 극심하게 퇴행하고 있는가를 드러냈다면, 후자는 혐오 논리를 재생산, 확장하는 것이 무엇인지를 보여 주고 있었다. 어쩌다가 우리 사회가 이렇게 바닥까지 내려왔을까. 내면에 빨간 불이 켜졌다. 문득 다큐멘터리 〈반짝이는 박수 소리〉를 만든 이길보라 감독이 생각났다. 그녀라면 이 사건을 보고 뭐라고 했을까.

결국 발달장애인 학교를 동네에 세우는 걸 반대한다는 건 내 주변에 장애인이 나타나는 걸 원하지 않는다는 거잖아요. 왜 그런 마음이 들었을까요? 주위에서 장애인과 이웃으로 매일 그들을 마주하고 인사하는 사이였다면 과연 그랬을까요?

사실 우리가 롤모델이라고 생각하는 북미나 유럽 같은 소위 선진국이라는 나라를 여행 가면 한국인들은 곧잘 충격을 받는다고 해요. 가는 데마다 왜 이렇게 장애인이 많은지 모르겠다는 거예요. 버스 탈 때 휠체어 타고 오르는 장애인도 많고 손 써 가면서 수어로 이야기하는 청각장애인에 시각장애인도 많고. 그런데 사실 한국도 다르지 않아요. 같은 비율로 장애인이 있어요. 하지만 한국에서 장애인들은 다들 시설에 있거나 집 밖으로 나오지 못해요. 이게 가장 근본적인 문제인 거죠. 내 옆에 장애인이 있는가 없는가. 내 옆에 나와 다르게 살아가는 사람이 있느냐 없느냐 하는 것. 즉 노출 빈도 같은 이유가 커요. 문제의 시작은 우리가 서로 만나지 못한다는 데 있는 거죠.

화창한 봄날. 광화문 언저리. 어느 한적한 카페에서 이길보라 감독은 내 질문에 이렇게 말문을 열었다. 시원스레 짧게 자른 그녀의 머리가 눈에 들어왔다. 그녀 얼굴에서 자존감이라는 에너지가 햇살처럼 뿜어져 나오는 듯했다. 잇몸이 보이도록 활짝 웃는 미소가 참 아름다웠고, 무엇보다 당찬 여성이란 인상을 받았다. 그녀는 차분하게 말을 이어 갔다.

우리 엄마 아빠는 남들이 뭐라 하는 소리를 못 듣잖아요? 그러니 내가 나서서 말하지 않으면 결국 나 그리고 엄마 아빠, 더 나아가 이 세상 모든 코다가 상처받으니까요. 예를 들어 누군가 아무렇지도 않게 생각 없이 병신이란 단어를 써요. 전 쓰지 말라고 해요. 그러면 나 때문에 사이가 까칠해진다거나 불편해질 수도 있겠죠. 그래도 전 계속 이야기해요. 상대가 내 이야기를 받아들일 사람이라고 알고 있으니까요.

누군가 장애인 혐오 발언을 한다고 쳐요. 그 말에 감정적으로 반응하기보다는 대신 저는 저 사람이 몰라서 그런 거다, 주변에 장애인이 없어서 지금까지 살면서 장애인을 한번도 안 만나 봐서 그럴 거야라고 생각해요. 그러니 똑바로 알려 줘야죠. 지금 그 말은 혐오야. 조목조목 조곤조곤 알려 줘야죠. 그게 왜 혐오인지를 차근차근 알려 줘야죠.

이길보라 감독은 코다다. 코다를 대신할 우리말은 아직 없다.

코다(CODA)는 'Children of Deaf Adult'의 줄임말로, 청각장애인 부모를 둔 사람을 일컫는다. 이길보라 감독은 청각장애인 부모의 자식이자 딸이다. 그녀는 자신의 부모를 주인공 삼아 〈반짝이는 박수 소리〉라는 다큐멘터리를 만들었고, 같은 제목으로 책도 냈다.

제가 할 수 있는 건 상황을 계속 불편하게 만드는 거예요. 왜냐고요? 세상에는 나와 다른 사람들이 어디에나 아주 많이 존재하거든요. 그 사람들이 상처받고 있다는 걸 누군가는 이야기해야 해요. 그래서 이렇게 생각하는 거죠. 아무래도 내가 경험이 더 있으니까 지금까지 경험을 통해 극복하고 다져진 게 있으니까 내가 마음이 좀더 열려 있으니까 누구보다 내가 먼저 이 상황을 회피하지 말고 말해야 한다. 너무 힘들고 많이 불편해지더라도 그러니까 누구보다도 내가 이야기를 계속해야 한다고요. 왜냐하면 그러면 언젠가는 그 사람들의 인식이 바뀔 거라고 믿으니까요. 어쩔 수 없이 그걸 할 수밖에 없어요. 제가 안 하면 그냥 끝나는 거잖아요. 그 사람의 세계에서 우리 엄마 아빠 같은 세계는 존재하지 않는 거잖아요. 청각장애에 대해 이야기할 때 내가 잘해야 한다고 생각하죠. 그건 나를 위해서, 엄마 아빠를 위해서, 내가 살고 사랑하는 이 세계를 위해서이기도 해요.

우리는 언젠가
장애인이 된다

사람은 누구나 편안하고 안전한 삶에 머물고 싶어 한다. 골치 아프고 신경 쓰이고 머리를 써야 하는 상황을 그다지 좋아하지 않는다. 남의 불행쯤이야 타인의 고통쯤이야 내 알 바 아니라고 각자 제가 알아서 할 일이라고 나 몰라라 하면서 적당히 살고 싶다. 안주하고 싶고 눈감고 싶고 외면하고 싶다. 나 하나 살기도 바쁘고 힘들어 죽겠는데 남의 사정까지 생각할 겨를이 어디 있겠는가. 안 그런가.

그럴 때마다 감은 눈을 떠야 한다고 그러면 안 된다며 끊임없이 말을 건네는 사람이 있다. 당신이 생각 없이 던진 말 한마디가 어떤 이들에게는 큰 상처가 되고 견디기 힘든 모욕이 된다고, 당신들이 무심코 지나쳐 버리는 상황이 어떤 이들에게는 이를 악물고 버텨야 하는 고통이 된다는 것을, 무엇보다 우리가 사는 세상이 진실로 평등하지 않다는 사실을 끊임없이 이야기하는 사람이 있다. 모두가 모른 체하고 싶은 순간에 '당신은 지금 외면하고 있다'고 콕 집어 말하는 사람이 바로 내 옆에 있다면? 왠지 모르게 거슬리고 많이 불편할 것이다. 이길보라는 그런 마음을 누구보다 잘 알고 있다. 자신의 태도가 때로 환영받지 못하고, 자신이 건네는 말이 상대방을 기분 나쁘게 할 수 있다는 것도 안다. 그런데도 멈추지 않는다. 지칠 때도 있고 상처받고 아플 때도 많지만 결코 포

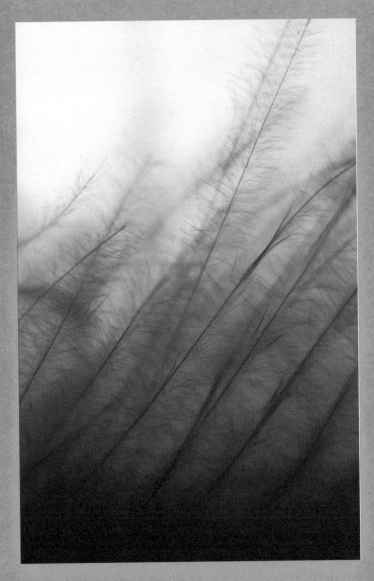

제가 할 수 있는 건 상황을 계속 불편하게 만드는
거예요. 왜냐고요? 세상에는 나와 다른 사람들이
어디에나 아주 많이 존재하거든요. 그 사람들이
상처받고 있다는 걸 누군가는 이야기해야 해요.

기하지 않는다.

이토록 긍정적이고 씩씩한 그녀도 한때 청각장애인 부모를 부끄러워한 적이 있다.

사춘기 때 제가 좋아하는 남자애랑 걸어가는데 길에서 엄마를 만났어요. 그 순간 엄마를 모른 척했어요. 그랬더니 엄마가 엄청나게 화를 내면서 넌 더는 내 딸이 아니다, 네가 어떻게 엄마를 부끄러워할 수가 있냐 하는 거예요. 그때는 너무 어이가 없었어요. 왜냐하면 자식이 부모를 부끄러워할 수도 있지 그럼 안 돼? 왜? 부끄러우니까. 그런데 한편으로는 부끄러워한 제 자신이 또 너무 싫은 거예요. 그 말은 내가 부모를 부정한 게 되는 거잖아요.

그런데 그 상황에서 우리 부모는 진짜 너무 뻔뻔하게(웃음) '안 들리는 게 왜 부끄러워. 이건 부끄러운 게 아냐. 우릴 부끄러워하는 네가 잘못됐어!'라고 말씀하시는 거예요. 아! 이게 부끄러운 게 아니구나. 그러니까 내가 부끄러워하면 안 되겠다. 만약 엄마 아빠가 '다 내가 잘못했다. 내가 너를 낳아서 아니면 내가 귀머거리라서 너한테 정말 미안하다'고 했다면 아마 난 지금도 부모를 부끄러워했을지 몰라요.

부모님에게 정말 고마운 건 당신의 장애를 결코 부끄러워하지 않았다는 것. 그게 제가 가장 크게 배운 점이에요. 사실 부모를 부끄러워하는 일은 장애인이거나 아니거나 모두에게 있는 일이죠. 부모가 가난하다거나 촌스럽다거나 무식하다거나 해서요. 사소한 이유까지 들어서요. 그렇지 않나요?

세상에는 한 종류의 사람만 있지 않다. 꽃도 저마다 다르고 새들도 그렇다. 이 세상에 존재하는 어느 것 하나 똑같진 않다. 우리는 조금씩 같고 또 조금씩 다르다. 이렇듯 차이는 '다르다'는 것일 뿐 '틀리다'를 의미하지 않는다. 그런데도 우리는 이 사실을 자주 망각한다. 현실에서 차이는 '차별'이 되고, 다르기 때문에 '달리 대해야 한다'로 왜곡된다. 또한 '비정상'이란 말로 어떤 사람들을 분리시킨다. 그러나 장애인의 반대말은 '정상인'이 아니라 '비장애인'이다. 우리는 언제든지 장애인이 될 수 있다. 자신의 뜻과는 무관하게 장애를 지닌 채 태어날 수도 있고 병마에 시달리거나 불의의 사고나 재해를 당해 후천적으로 장애인이 될 수도 있다. 지금 당신에게 장애가 없다는 건 아직 장애가 없다는 말일 뿐이다. 그런데도 우리는 곧잘 장애가 있는 사람과 없는 자신을 구별한다. 마치 그들에게는 문제가 있고 내게는 없는 것처럼 장애가 있는 사람은 비정상이고 자신은 정상이라고 여겨 장애/비장애로 가른다.

장애인의날에 가장 많이 느끼죠. 장애인의날만 되면 여기저기서 일제히 장애인, 장애인 이러는데 전 그게 너무 싫어요. 365일 중에 오늘은 장애인 '그들'의 날이니까 오늘만큼은 장애인들을 차별하면 안 되겠다. 축하해 줘야겠다. 그런데 이날 유독 '장애인'이 더 주목받게 되고 더 불편해져요. 이날만 축하하고 나면 다음 날부터는 죄

잊어버리면서. 광화문 지하에서 농성 중인 장애인들은 매일 봐도 항상 잊어버리면서 말이죠. 그 사실이 전 더 화가 나요.

뉴스에 장애인의날이라는 보도가 나왔어요. 그랬더니 타임라인에 해시태그로 이런 말이 달리더군요. '여기에 태그 다는 사람 다 장애인'이라고요. 그리고 그 밑에 사람들이 'ㅋㅋㅋㅋ'라고 댓글을 달아 놓은 거예요. 장애인의날에 장애인 혐오 사건이 더 많이 일어나요. 장애인도 나와 같은 사람이라고 말하지만 장애인의날이란 것 자체가 명백히 타자화하는 것 아닌가요? 장애인을 내가 아닌 타자로 바라보는 거잖아요? 오히려 '그들'은 '장애인'이다, '그들'은 나와 '다른' 사람이라는 것을 드러내는 거 아닌가요?

청각장애인 부모를 둔 탓에 이길보라는 어린 시절부터 남들의 시선에서 자유로울 수 없었을 것이다. 남과 다르다는 이유로 늘 누군가를 의식하면서 살아야 한다면 어떨까.

제 부모님은 청각장애인, 농인입니다. 하지만 평상시에 부모를 장애인이라고 인식하면서 살진 않아요. 그냥 우리 엄마 아빠로 생각하지요. 부모님은 그저 남과 조금 다를 뿐 오히려 입말 대신 손말 수어를 써서, 그러니까 청인보다 오히려 얼굴 표정이 풍부한 사람들이라 생각해요. 청각장애인들은 자신들만의 언어와 사회와 문화를 갖고 있거든요. 우린 그냥 다른 언어를 쓰는 것뿐이야. 우리는 우리만의 세상에서 살아가는 것뿐이야. 그런 점에서 우리 부모님은 다른 언어를 쓰는 거야라고요.

문득 초등학교 때 일이 떠오른다. 1반, 2반처럼 반은 숫자로 시작되는데, 특이하게도 '장미반'이라 불렸던 한 반이 있었다. 특수반이라고 했다. 그 반 아이들은 뭔가 달랐다. 그랬다. 장애인 반이었다. 지적장애가 대다수였다. 장미반 아이들은 따로 수업을 받았고, 학교에서 화단 가꾸는 일을 맡아서 했다. 그 반에 준호가 있었다. 우리 집 근처에 사는 애였다. 학교 갈 때 빼고는 언제나 집 안에만 틀어박혀 있었던 그 아이.

당시 나는 마음에 지독한 상처를 입은 아이였다. 술을 마시면 화를 내고 폭력을 휘둘렀던 아버지 때문에 우리 가족은 공포와 불안에 휩싸여 살았다. 무력한 어린애에 불과했던 나는 분노를 삼키며 눈물을 훔치는 날이 많았다. 나는 점점 공격적이고 폭력적으로 변하고 있었다. 길을 가다가 빈 병을 발로 차거나 욕을 하거나 쓰레기통을 걷어차거나 개한테 돌을 던지거나 하는, 한마디로 '나쁜 애'가 되고 있었다.

아마도 그날 나는 학교 화단에 있는 꽃을 무참히 꺾고 있었을 것이다. 그냥 화가 치밀어서 꽃을 꺾어 버리고 싶었다. 그런데 누군가가 나를 바라보고 있었다. 그 아이, 준호였다. 준호는 내가 꺾어 던져 버린 꽃을 나한테 도로 슬그머니 내밀었다. 화단에 활짝 핀 꽃과 내가 꺾은 꽃을 번갈아 가리키며 준호가 환하게 웃었다. 난 부끄러워 고개를 숙였다. 아아, 준호가 매일 열심히 물을 주고 가꾼 화단인데 내가 대체 무슨 짓을 한 걸까. "내가 꺾었어. 미안해" 하자 준호는 괜찮다며 빙그레 웃었다.

그날 이후 준호는 나를 볼 때마다 반갑게 손을 흔들었다. 어눌한 목소리로 아는 체를 하며 나를 불렀다. 그때마다 나는 내가 한 짓이 떠올라서 얼굴을 붉혔다. 미안한 마음에 대신 화단에 물을 뿌려 주곤 했다. 그러면 준호가 기쁜 표정으로 손뼉을 쳤다. 그런 준호가 나는 왠지 싫지 않았다. 그 아이 옆에 있으면 아무 말을 하지 않아도 마음이 편해졌다.

그날 이후 준호의 집을 지날 때마다 나는 그 애 방을 올려다봤다. 창문에는 쇠창살이 박혀 있었다. 동네 아이들이 골목에서 다방구를 하며 뛰어놀 때 준호는 늘 창살을 붙잡고 밖을 내다봤다. 그때의 준호 표정은 항상 같았다. 나도 너희들이랑 놀고 싶어, 나가고 싶어. 나는 창문을 올려다보며 외쳤다. "너도 나와서 놀아!" 그러나 준호는 한번도 나오지 않았다. 아니 나올 수 없었다. 그 아이는 언제나 집 안에 갇혀 있었다.

그러던 어느 날 준호가 사라졌다. 더는 학교에서도 화단에서도 그 애 집 창가에서도 보이지 않았다. 집과 학교 그리고 동네보다 더 큰 세상이 있다는 걸 상상하기에 난 너무 어렸다. 준호는 어디로 갔을까. 준호의 집을 지날 때마다 불 꺼진 방을 올려다보며 그 아이를 생각했지만 시나브로 잊어 갔다. 어쩌면 준호의 부모는 지적장애가 있는 자식을 더는 집에 둘 수 없다고 어떤 결정을 내렸는지 모른다. 준호는 학교 대신 시설에 들어간 것일까.

학교든 마을이든 결국 규모 그러니까 크기가 중요한 거 같아요. 제가 서울 같은 대도시에서 큰 학교를 다녔으면 아마도 부모 이야기를 절대 안 하는 소극적이고 어두운 애가 되지 않았을까. 다들 바쁘고 정신없고 그렇다 보니, 반에서 어느 아이가 한부모 가정이라든가 장애인부모 가정이라던가 해도 하나도 모르잖아요. 이런 환경에 놓여 있으면 서로 모르는 거죠.

아이가 성장할 때 중요한 건 아이만이 아니라 부모도 중요하고 환경도 중요하고 같이 생활하는 아이 친구와 친구의 부모도 중요하다고 봐요. 왜냐하면 전 작은 학교를 다녔는데 학생들끼리도 계급 차이가 크지 않아서 차별을 그다지 못 느끼고 자랐어요. 마을도 작아서 사는 사람 전부 서로 다 알고. 친구 부모도 우리 부모를 알고. 친구도 우리 집에 매일 놀러 오고요. 친구들이랑 우리 부모님이 굽는 와플파이 같이 먹고, 친구들이 매일 지나가면서 우리 부모님한테 인사하고. 그러니까 이미 친구들과 마을 사람들에게 우리 부모님은 장애인이 아니라 그냥 이웃이고, 저는 그냥 친구였죠. 사는 곳도 다르고 서로 만날 일도 없고 말을 섞을 필요도 없는 환경에선 그러기 어려울 거라고 봐요. 그 애 부모는 입술 대신 손으로 이야기하는데 우리 동네에서 와플 파는 부부야라고 인식하는 것과는 굉장히 다르다고 생각해요. 이런 경험이 있는 것과 없는 것은 정말 다르죠.

이길보라 감독의 말처럼 장애인들과 같이 지내거나 살아 보면 그들이 자신과 크게 다르지 않다는 걸 알게 되고, 그 다름을 어느 순간 자연스럽게 받아들이게 된다. 그런데 준호를 비롯한 장애인들은 다들 어디로 간 것일까. 장애인에게 불편하고 위험한 환경 때문에, 적대적인 시선 때문에 장애인은 대부분 집에서, 시설에서 머물 수밖에 없었을 것이다. 이길보라가 지적한 대로 어느 나라 어느 사회든지 일정 비율로 장애인은 있기 마련이다. 한국도 마찬가지다. 그런데 아무리 둘러봐도 나 역시 장애인 이웃과 마주친 적이 별로 없다.

어디까지 볼 수 있느냐는 시야의 문제, 상상력의 문제라고 봐요. 세월호 추모숲을 만든 외국인이 언론에 크게 보도된 적이 있어요. 외국인이니 해도 그만 안 해도 그만인 일이었을 텐데. 한국인도 아닌데 외국인이 왜 남의 나라 일에 관심을 쏟지라고만 생각할 게 아니라고 봐요. 남의 일을 내 일로 여길 수 있는 마음, 역지사지 그것이 바로 인권 감수성이자 공감 능력인 거죠.

솔직히 나는 인간이라면 누구나 타인에게 공감한다는 말에 깊은 의문을 품는다. 주위에서 본 적도 없고 들은 적도 없고 배운 적도 없으며 더구나 자신이 겪어 보지도 못한 삶을 사는 타인을 과연 자기 자신처럼 이해할 수 있을까. 평상시에 늘 생각하지 않았다면, 일상생활에서 한번도 상상하지 않았다면 장애인을 이해한다는 것, 장애인의 처지를 생각한다는 것은 거의 불가능하다. 장애가 생기기 전에는 나와 무관한 일이다.

예전에 KBS에서 해외 몰카 영상을 방영한 걸 봤어요. 가게에서 한 청소년이 주문대 앞에서 말을 더듬거리니까 주변 아이들이 그 애를 막 놀려요. 그때 뒤에 서 있던 어떤 여자가 아이들을 나무라면서 점원에게 항의해요. 말을 더듬던 아이가 주문할 수 있도록 말이죠. 그때 몰카였습니다! 하고 등장해요. 그런데 그다음에 바로 '오늘은 장애인의날입니다'라고 자막이 뜨는 걸 봤어요.

그걸 보고 전 정말이지 너무 충격을 먹었어요. 그 영상이 장애인을 다룬 거라고는 전혀 생각하지 않았거든요. 한국 사회는 말을 조금 더듬는 수준도 장애인 취급하는구나. 예를 들어 내가 영어를 못해서 말을 더듬어요. 내가 한국어를 잘 못해요. 그것도 장애라고 생각할 거예요. 너무 충격인 거예요. 대한민국에서 누구나 본다는 공중파 방송에서 장애인에 대한 긍정적인 메시지를 주겠다고 이런 영상을 보여 준다는 게. 요만큼만 나와 달라도 넌 장애인 이러는 거잖아요. 이러니 정말 몸이 불편한 장애가 있는 사람은 대체 뭐라 생각할까 싶은 거죠.

소위 방송국에서 일하는 사람들 그러니까 나름 문화적 교양과 상식이 있다고 생각하는, 스스로 엘리트라고 생각하는 인간들이 만든 영상이, 이들이 생각하는 수준이 고작 이 정도예요. 아마 다들 학교에서 1, 2등만 하고 시험만 잘 봤겠죠? 세상과 타인의 삶에 대해서 내가 아닌 남에 대해서는 요만큼도 공부해 본 적이 없는 사람들이 겠죠?

물론 공감 능력을 타고난 사람도 있다. 하지만 대부분은 그렇지 않다. 공감도 연습이다. 역시나 배워야 한다. 타인에게 공감하려면 타인의 처지에 서서 그의 삶을 상상해 봐야 한다. 내가 알지 못하는 낯선 대상에 대한 불안과 공포는 이런 상상력의 부재에서 비롯된다.

예를 들어 청각장애인이 구화를 배우면 되지 않느냐고 묻는 사람들이 있어요. 청각장애인은 들을 수 없는데도 말이죠. 소리가 들리지 않는 사람에게 입말을 배우라고 하는 게 무슨 뜻인지 한번도 진지하게 생각한 적이 없는 거죠. 그 말이 청각장애인에게 얼마나 폭력적인지 모르는 거구요. 진공 상태에서 언어를 귀로 듣고 말할 수 있나요? 진공 공간에 사람을 가두어 놓고 그에게 생전 들어 보지 못한 크메르어를 배우라고 하는 거와 같아요. 어느 날 외계인이 나타나서 인간들에게 이제 코로 말하자 했다 쳐요. 그런데 전 진공관 안에 있어서 그게 무슨 말인지 들리지 않아요. 과연 제가 말을 할 수 있나요? 한마디로 폭력인 거죠.
비장애인들도 시각장애인이 되는 체험은 해 볼 수 있어요. 그렇지만 귀가 안 들리는 청각장애인은 절대로 체험해 볼 수가 없어요. 비장애인들은 아무리 귀를 막아도 미세한 소리는 듣게 마련이에요.

진공 상태가 아닌 다음에야 귀가 안 들리는 것은 체험해 볼 수 없는 거죠. 저 역시 청각장애를 완전히 알 수 없어요. 상상하려고 해도 제 상상력의 한계를 넘어가요. 그래서 청각장애인이 더 사각지대에 있다고 생각해요.

이렇게 예를 들어 말하면 그제야 사람들은 제 말을 이해해요. 아, 내가 모르는 게 있구나, 간과한 게 있구나라고 깨닫는 거죠. 이런 식으로 처지를 바꿔서 상상하는 것, 상대의 처지를 새로운 시선으로 바라볼 수 있도록 계속 이야기하는 게 필요해요.

문제는 상상력이다. 상상력은 말 그대로 상상하는 능력이다. 지금 여기에 없는 것을 보거나 듣는 능력. 내가 아닌 상대방의 처지에서 느낄 수 있는 능력. 아직 보지 못한 미래를 보는 것도 상상력이며 거기에 발을 내딛는 것도 상상력이다. 무엇보다 상상력은 타인에 대한 공감력과 세계에 대한 신뢰를 높여 준다. 그런데 이 상상력이란 것도 상상할 수 있는 배경과 환경이 어느 정도는 갖추어져야 가능하다. 상상의 나래를 펼 수 있는 여유와 타인의 처지에서 생각하고 자신과 주변을 두루 둘러볼 수 있는 시간이 확보되지 않고서는 불가능한 것이다.

그런데 모든 사람이 이런 시각을 지니고 태어나진 않잖아요. 예를 들어 한국 사회에서 비장애인이자 이성애자 남성일 경우에는 자신과 다른 사람에 대해 공감할 상상력이 너무 부족해요. 한국 사회는 너무 바쁘고 경쟁적이고 숨 돌릴 수 없이 정신없는 사회예요. 우리는 뭐든 천천히 생각할 시간도 여유도 없어요. 그게 가장 큰 문제라고 봐요. 당장 먹고살기 급급해서 세상을 바꿀 조그마한 일에 참여할 여력도 에너지도 없다고 생각하는 거. 다들 파김치가 되어 가는 거죠. 그런데 이제 더는 나눠 먹을 게 없어요. 나눠 먹을 땅도 자본도 없고. 그러니 서로가 서로를 잡아먹는 거지요. 그럴 때 제일 먼저 쳐내는 건 여성, 장애인, 성소수자 등등이죠. 사회적 약자가 가장 빨리 떨어져 나가게 되는 거죠. 헬조선이라는 것도 그래서 시작된 건 아닐까요?

어느 사회를 막론하고 차별에 가장 예민하고, 인권 감수성이 섬세한 사람들이 바로 사회적 약자들이다. 이들은 일상에서뿐만 아니라 사회생활을 할 때도 사람들의 편견과 냉대 심지어 혐오와 적대적 시선과도 숱하게 맞닥뜨려야 한다. 그렇기 때문에 누구보다도 더 사회적 모순과 차별 그리고 편견이 작동하는 방식을 민감하게 간파할 수밖에 없다. 어딜 가든 무슨 일을 하든 부당한 차별을 받고 사람들의 왜곡된 편견과 마주한다고 한번 생각해 보라. 자존감에 상처를 입을 수밖에 없지 않겠는가. 차별은 무엇보다 인간의 존엄을 해친다.

장애인을 장애인이라 하지 말고 이제부터 장애우라고 부르자 한 적이 있어요. 이때까지 장애인을 너무 차별해 왔으니까 이제부터 장애인은 우리의 친구라며 장애우라고 부르자는 운동을 시작한 거죠. 그런데 장애인들이 보기엔 이게 너무 이상해요. 왜냐하면 나는 나를 장애인이라고 생각하는데 갑자기 모르는 당신이 친구도 아닌데 왜 나를 친구라고 부르냐. 마치 어린이 친구들, 청소년 친구들 이렇게 부르는 것처럼. 장애인은 자신이 장애가 있는 사람 즉 장애인이라는 단어를 부끄럽게 생각하지 않는데 오히려 바라보는 당신이 내 존재를 더 부끄러워하는 게 아니냐.

게다가 문제는 장애우는 자신을 장애우로 부를 수 없다는 거. 난 장애인이야라고 말할 수는 있지만 난 장애우야 할 수는 없잖아요. 이건 단어로 장애인을 타자화하는 거잖아요. 장애인이라는 개념보다도 더 가까이 오지 말라는 의미 같아요. 아예 배제한다는 의미가 더 커요. 한 발짝도 진보한 개념이 아닌 거죠. 오히려 장애인을 더 밀어내는 단어예요. 여태까지 장애인이라 해서 편견이 심했다 그러니 이제 장애우라 부르자는 건데, 그럼 앞으로 또 문제가 생기면 그 다음에는 뭐라고 부를 건가? 핵심은 그냥 장애인이다 아니다 호칭하지 않는 게 더 중요하다는 거죠.

"우주에선 청각장애인들이
가장 잘 소통할걸요!"

그녀의 말에 발달장애인 직업센터 설립을 반대하던 주민들이

들었던 피켓 중 하나가 떠올랐다. "우리는 장애우를 혐오하지 않습니다. 다만 (…) 학교 내 설치를 제고해 달라는 것입니다!" 장애가 있는 친구들(장애우)은 혐오하지 않지만 그 장애가 있는 사람들을 위한 건물은 반대한다는 논리. 친구를 싫어하지 않는다면서 그 친구에게 필요한 건물 설립을 반대한다는 사람들. 이들은 과연 장애'우'라고 여기기나 하는 걸까. 구호 자체가 모순이라는 것을 알고나 있을까. 장애인을 혐오하지 않는다면서 장애인 시설 설립을 반대하는 것이 장애인 혐오가 아니면 무엇인가.

장애인 혐오는 여성 혐오나 동성애 혐오와 하나도 다르지 않아요. '너 병신이냐 하지 마!' 이런 식으로 낙인을 찍어 배제하는 방식인 거죠. 예를 들어 광화문에서 농성하는 장애인이 도시 미관을 해친다고 생각하는 것. 그러니까 장애인은 가로수만도 못한 존재인 거죠. 내 눈앞에 장애인이 있는 게 무조건 싫은 거. 보기 불편하다는 거. 그러니까 밖에 나오지 말라는 거예요.

개인적으로 누군가를 싫어할 수도, 혐오할 수도 있다. 그러나 타인에게 자신의 편견을 투사하고 물리력을 행사해 직접적으로 혐오를 드러내는 것은 전적으로 다른 문제다. 내가 인종차별주의자라는 것과 그 사실을 공공연하게 표현하고 상대에게 적대적인 행동을 보이는 것은, 예를 들어 상대에게 차별적 단어를 쓰거나 차별적 행동이나 태도를 취하는 것은 전적으로 차원이 다른 문제다. 이는 그 사람이 비상식적이고 교양이 없는, 한마디로 상종 못할 인간이라는 것을 만천하에 드러내는 꼴이다. 그런데도 한국에서는 장애인 혐오를 비롯한 온갖 혐오적 발언과 태도를 공공연하게 드러내는 것에 한 치도 부끄러워하지 않는 사람이 많다. 개중엔 사회적 지위가 높거나 가방끈이 긴 사람도 많다.

> 예를 들어 미국이나 캐나다처럼 다인종 다민족으로 이루어진 사회는 그 사실을 인정해야만 나라가 성립될 수 있고 유지될 수 있으니까 실제적으로 내부에 차별과 갈등이 존재한다 해도 공적으로는 차별을 전적으로 금지해야 해요. 따라서 인종과 문화가 다르거나 성소수자라도 인정해요. 계급 차이가 있어도 말이죠. 이걸 공공연하게 건드리는 건 굉장히 교양 없는 짓이며 모든 사람은 평등하다는 정의에 위배된다는 사회적 합의가 있어요. 장애인 같은 사회적 약자를 차별하는 것은 인간이라면 하면 안 되는 행동이라는 인식이 사회 전반에 기본적으로 깔려 있다는 소리죠. 이게 바로 인권 의식이구요. 그런데 한국에는 이것도 없고 저것도 없죠. 한마디로 총체적 난국인 거죠.

한 방송에서 장애인 직업센터 설립을 반대하는 주민들을 인터뷰했을 때 이런 말도 있었다. "발달장애인을 왜 우리 아이들이 감당해야 합니까?" 여기서 '우리'는 과연 누구일까. 장애인을 제외한 우리, 장애인과 장애인이 아닌 사람을 가르는 우리다. 즉 장애인은 그 '우리'에 포함되지 않는다. 장애인을 장애우로 부르든 말든 그건 '우리'가 아니라 남 또는 그들의 일일 뿐이다. 이런 태도는 장애인이 내 아이들과 있는 것을 용납하지 않겠다는 완강한 거부, 곧 장애인과 이웃하면서 살고 싶지 않다는 장애인 혐오다. 결국 주민들은 장애인은 결코 '우리'의 범주에 포함시킬 수 없다고 대놓고 선언한 셈이다.

> 지금까지 한국이 성장했던 방식은 다양성을 배제하는 방식이었어요. 내적 성장은 도외시하고 오로지 경제 성장 우선으로 외형만 키워 왔기 때문에 이런 혐오가 계속 나타나는 거예요. 지금 유독 혐오가 기승을 부리는 이유는 지금까지 고도성장 압축성장을 했던 한국 사회가 더는 성장할 동력이 없어서죠. 그래서 기득권층이 가지고 있는 걸 지키기 위해 주변을 쳐내는 거예요. 기득권을 유지하기 위해서 장애인은 장애인이라서 군대에 갈 수 없다, 여성은 여성이니까 군대에 갈 수 없다 이런 식으로 배제하면서 또 그 배제를 차별의 이유로 삼는 거죠. 한마디로 비장애인 – 이성애자 남성 중심으로 그렇지 않은 나머지를 솎아 내 남김없이 쳐냄으로써 자신들의 권력을 유지, 지속해 왔다고 할까요?

장애인이라는 특수한 처지를 이해하고 배려하는 것을 특별 대우라 비난하고 장애인도 비장애인과 똑같이 살라고 요구한다면 이는 과연 정당한가. 달리기 시합에서 휠체어를 타고 달려야 하는 사람에게 두 다리로 뛰는 사람과 똑같은 출발선에서 뛰라고 요구한다면 이는 공정한 경쟁일까. 시작부터 불리한 조건에 놓인 사람이 바로 그 불리한 조건 자체 때문에 차별받아야 한다면 이는 과연 평등일까. 한국 사회 전반에 장애인은 사회생활도 못하면서 장애를 방편 삼아 특혜를 받는 존재라거나 하는 일도 없이 세금만 축내는 존재라는 편견이 만연해 있다. 주민들에게 장애인은 나와 똑같은 한 명의 개인이 될 수 없으며 자신의 삶을 스스로 영위하는 주체도 아니다. 장애인은 그저 내가 감당해야 하는 '짐'이며 함께 살 수 없는, '배제하고 격리해야 하는 존재'일 뿐이다.

사람들이 장애인 시설이나 특수학교 설립을 반대하는 이유 중하나가 집값이 떨어질까 봐서다. 장애인 시설이 들어서면 내 집값이 떨어진다고 너도나도 아우성이다. 이런 이유로 그동안 많은 장애인 시설이 곳곳에서 수차례 거부당했다. 부동산 시세 앞에서 장애인의 인권은 차마 입에 올리지도 못한다. 장애인은 오직 내 집값에 불이익을 주고 내 생활에 불편을 줄 수 있는 존재라는 인식만 팽배하다. 신자유주의를 뼛속 깊이 내면화한 사람들에게 부동산 시세 즉 내 돈 지키기, 내 돈 불리기보다 더 중요한 것은 없다. 다들 무슨 수를 써서라도 눈곱만큼도 경제적 손해를 보고 싶어 하진 않는다. 이런 인식 속에는 남과 더불어 사는 삶, 공존이라는 가치나 타인에 대한 배려와 존중 같은 인권 의식이 들어설 자리가 없다.

어렸을 때부터 집에서 학교에서 현장에서 가르쳐야 해요. 성소수자, 다른 인종, 장애인 등등 다양한 친구와 서로 만나고 사귀고 함께 생활하면서 서로 혐오하면 안 된다, 상대에게 혐오 발언을 해서는 안 된다, 이러저러한 이유로 차별해서는 안 된다는 걸 어렸을 때부터 배워야 한다고 봐요. 지금 한국에서 교육의 목적이란 게 대학 잘 가고, 취업 잘하고, 대기업 들어가고, 공무원 되고 그런 것밖에 없어요. 계급 상승을 위한, 계급 유지를 위한 교육만을 받고 있기 때문에 다른 건 아무것도 상관없고 막 나가도 된다는 거죠. 이걸 바꿀 수 있는 교육이 전혀 이루어지고 있지 않다는 것. 그렇기 때문에 상황이 점점 나아지기는커녕 누군가를 함부로 짓밟는 방식으로 혐오가 조장되고 악화되는 거예요.

이제는 정말 한국 사회가 과거와 같은 경제 성장 따위의 양적 팽창 대신 내적 성장을 해야 할 때라고 생각해요. 아무리 바빠도 공감 능력을 가진 사람을 키워야 하고 우리가 그런 사람이 되어야 한다고 보는데요. 더는 개발, 성장 중심으로는 안 되니까요. 지금 같은 방식으로 GNP를 높이는 건 아무런 의미도 없어요. 물론 정부에서 정책 하나를 바꾼다고 갑자기 세상이 달라지진 않아요. 하지만 이제부터라도 새로운 교육 환경을 만들고 문화를 바꿔 나가야 하는 거죠. 문화, 예술 쪽에서도 계속 운동해야 하고 활동가들도 당사자들도 어떻게 하면 시민의식이 성장할 수 있을까 끊임없이 고민해야 해요.

최근 들어 성소수자 같은 사회적 약자에 대한 공격과 혐오가 심해지고 있다. 그런데도 사람들은 혐오를 혐오라고 부르지 않으며 혐오가 생산되는 방식을 문제 삼지도 않는다. 대다수는 그저 침묵한다. 정부 또한 사회적 약자를 보호하고 혐오 확산을 막기 위해 적극적으로 노력하지 않는다. 문제는 여성, 성소수자 혐오조차 심각하게 여기지 않는 사회 분위기에서는 장애인 혐오 즉 장애 자체에 대한 비하와 경멸 그리고 장애인에 대한 적대적 발언과 행동도 함께 늘어난다는 사실이다. 따라서 혐오를 혐오라고 분명하게 말할 수 있어야 하고, 혐오를 혐오라고 가르쳐야 한다. 혐오를 조장하고 자행하는 것이 부끄러운 일이라는 인식이 사회 전반에 굳건히 뿌리내려야 한다. 또한 혐오를 강력히 규제하는 사회적 제도와 문화가 만들어져야 한다. 그렇지 않다면 우리 사회에서 사회적 약자에 대한 혐오는 결코 사라지지 않을 것이다.

장애인을 만났을 때 정말 대놓고 혐오할 수 있을까요? 당신 옆에 또는 앞에 있는 사람에게 장애인이란 이유만으로 과연 침을 뱉을 수 있을까요? 제가 주변 사람들에게 우리 부모는 장애인이다 농인이다 했을 때 제 앞에서 정말 침을 뱉을 수 있는 사람이 과연 몇이나 있을까요? 제가 아는 사람들이, 절 아는 사람들이 우연히 다른 청각장애인을 만났을 때 '이 사람들은 내가 아는 보라 부모님 같은 분들이다'고 친근하게 생각할 수 있다면 전 그때부터 가능성이 있다고 생각해요. 저는 인간이 지닌 내면의 선함을 믿어요. 그래야 살 수 있

다고 생각하고요. 무엇보다 전 우리에게 여전히 희망이 있다고 믿
어요.

이길보라는 혐오에 맞서는 건 이제부터 시작이라며 눈을 반짝
였다. 아무리 미약한 힘일지라도 할 수 있는 한 끝까지 노력해야
한다고, 포기하지 말아야 한다고, 세상이 좀 더 나아지리라는 희
망을 품어야 한다며 말이다.
인터뷰 말미에 그녀는 이런 농담을 했다.

청각장애인끼리는 이런 농담을 해요. 우리는 외계에서 온 우주인이
다.(웃음) 우주로 나갔을 때 우주에서 자유롭게 소통할 수 있는 사
람은 청각장애인밖에 없다고요. 지구별 땅 위에서는 우리가 살기가
매우 불편하고 불리하지만, 우주에 가면 우리가 제일 잘 소통할 수
있다고요. 인간이 음성 언어로 소통한 역사는 사실 짧아요. 뒤집어
생각해 보면 수화 언어가 더 먼저이지 않을까요? 그렇다면 과연 누
가 더 소통을 잘하는 걸까요? 상황을 바꾸어 생각해 보는 거죠. 이
렇게 이야기를 던지는 게 중요해요. 이런 식으로 다르게 생각해 보
는 자리가 더욱 많아졌으면 좋겠어요.

아하! 머릿속에 번쩍 불이 들어왔다. 생각해 보니 정말 그렇다.
진공 상태인 우주에서 나처럼 입말을 쓰는 사람들은 소통할 방법
이 없으리라. 입으로 아무리 외쳐 본들 공기가 없으니 독심술이

있지 않는 한 무슨 말을 하는지 전달되지 않을 것이다. 그러나 손말을 쓰는 청각장애인은 서로 자유로이 소통을 할 수 있지 않은가. 지구에서와 달리 우주에 가면 반대가 된다. 비장애인은 말 그대로 장애인이 되고, 청각장애인은 비장애인이 된다. 그 광경을 상상하니 절로 고개가 끄덕여졌다.

그녀의 말마따나 우리에게 절실히 필요한 것은 먼 데 다른 데 있는 게 아니지 않을까. 특별하거나 대단한 것도 아니다. 다르게 생각해 보기. 상상의 지평을 넓히는 일은 생각보다 어렵거나 멀리 있지 않다. 잠시나마 생각을 바꿔 보는 것, 발상을 전환하는 것이다. 상대방의 처지에서, 그의 편에서 새로운 시선으로 바라볼 수 있도록 계속 연습하는 것이다. 이것이 혐오에 맞서는 첫걸음이다.

이길보라

　　로드 스쿨러, 즉 길 위에서 배우는 사람. 작가이자 다큐멘터리 감독. 이런 수식어만큼 이길보라를 잘 표현한 말이 '이야기꾼'이다.

　　온실 속 인큐베이터 같은 학교에서 공부하는 삶을 박차고 나와 스스로 삶을 개척하고픈 이가 있었다. 그녀는 교실이 아니라 밖에서, 길에서, 입시가 아니라 여행을 통해서, 교과서가 아니라 사람을 통해서, 세상을 배워 가기로 결심한다. 이길보라는 고등학교 1학년 때 학교를 그만두고 8개월간 태국과 베트남, 인도와 네팔 등 아시아 전역을 돌아다녔다. 배낭 메고 혼자 떠난 길에서 스스로 책임지고 선택하고 행동하는 법을 배웠다. 세상을 배우고 세계를 사랑하는 법도 배웠다. 길에서 만난 모든 것이 스승이었고, 세상이 바로 학교였다.

　　그런 그녀에게 글이란 카메라란 영화란 세상과 소통하는 창이다. 사람들에게 자신의 이야기를 들려주고 사람들의 이야기에 귀를 기울이는 도구다. 여행에서 돌아온 후 그녀는 자신과 같은 탈학교 청소년들을 주인공으로 삼은 다큐멘터리 〈로드 스쿨러〉(2008)를 만들었고, 여행담인《길은 학교다》(2009)도 냈다. 2014년에는 청각장애인인 자신의 부모 이야기를 다룬 다큐멘터리 〈반짝이는 박수 소리〉로 극장에서 관객들과 만났다. 같은 제목으로 책도 냈다.

　　살아 펄떡이는 날것의 삶을 온몸으로 뜨겁게 받아들이는 능동적 삶을 선택한 그녀. 지금 이길보라는 신작으로 베트남전쟁에 관한 다큐멘터리 〈기억의 전쟁〉을 만들고 있다. '역사'와 '기억'이라는 새로운 배움의 길에 들어선 셈이다.

3장.
한국인들은 자기들이 백인인 줄 알아요

—주현숙 감독

초가을 문턱인데도 매미 소리는 쨍쨍했고 햇볕은 수그러들 기미를 보이지 않았다. 아스팔트는 기름 두른 프라이팬처럼 뜨거웠다. 광화문과 종각 사이에 자리한 수송동 사무실에서 어렵게 주현숙 감독을 만났다.

현숙은 2003년 다큐멘터리 〈이주〉를 시작으로 〈계속된다 - 미등록 이주노동자 기록되다〉(2004), 〈멋진 그녀들〉(2007)에 이르기까지 계속 이주노동자에 관한 영화를 찍어 왔다. 그녀가 보고 듣고 느낀 이주노동자들 세계가 궁금했다.

언론, 대중매체에서 외국인 이주노동자를 다루는 방식을 보면요. 자꾸 외국인이 문제야 외국인 범죄율이 높다 외국인이 사회 문제를 일으킨다 이런 식이죠. 말도 안 되는 소리를 하는데요. 그건 사람이 느니까 횟수가 늘어나는 것뿐이죠. 인구가 늘어나면 범법자가 늘어나기 마련이에요. 그건 이주민 전체가 위험하고 문제가 많아서라기보다 수가 늘어나서 그렇게 보일 뿐인데요. 한국인이 열 명일 때와 천 명일 때를 비교한다면 당연히 범죄 발생이 늘지 않겠어요? 그런데도 외국인은 사기 치고 도망간다 아니면 외국인은 범죄를 저지른다 이런 식으로 자꾸 미디어에서 재생산한다는 거죠. 만약 이주노동자들의 범죄율이 높다면 그만큼 이주노동자의 삶이 불안정하다는 것일 텐데 그것에 대해서는 이야기하지 않죠.

자기 나라에선
그들도 빛나는 존재

현숙은 이주민에 대한 가장 천박한 편견이 미등록 이주노동자 증가가 살인, 강도와 마약 중독 같은 범죄의 증가로 연결된다는 논리라고 쓴소리를 했다. 그녀 말처럼, 한국에서 일어나는 모든 범죄는 국내 총인구의 3.9퍼센트인 이주민이 저지르고 있는 게 아니다. 사기, 강도, 강간, 살인을 비롯한 각종 범죄가 대한민국 96.1퍼센트를 차지하는 절대 다수인 한국인 우리 손에 의해 벌어지고 있다. 대한민국에서 태어나 자란 한국인이 범죄를 더 많이 저지르는데도 소수자인 이주민이 범죄를 저질렀을 때 우리는 더 큰 불안과 공포에 사로잡힌다. 일부 이주민이 보이스피싱 범죄에 가담했다고 해서 이주민 모두가 사기범인 것도 아닌데 이주민이 중국이나 방글라데시 국적을 가졌단 이유로 경계하고 불온하게 여긴다. 내국인과 이주민이 저지른 비슷한 엽기적인 강력 범죄가 사회 문제로 부각될 때도 유독 이주민을 부각해 이주민 전체에 대한 공포와 혐오로 확산시킨다.

이전에 살던 동네가 대림동이었는데요. 그때가 거기에 이주민이 늘어나던 시기였어요. 이주민들 상대로 가게도 많이 생기고요. 명절이면 도심이 텅텅 비잖아요. 그런데 이주민들은 고향도 못 가고 갈 데가 없으니까. 이주민들이 북적거리면서 동네가 해방구처럼 변했거든요. 중국 교포가 많이 살아서 여기저기서 자기들 좋아하는 음악을 틀고요. 그러니까 마치 외국 나온 기분도 들었어요.

그때 제가 가게 주인들이랑 친했는데요. 제가 전 이 동네가 좋아요 하니까 슈퍼 아줌마가 자긴 너무 무섭다는 거예요. 중국인들이 싸우면 본토에서 싸우는 방식으로 싸운다고. 한국인은 말로 싸우거나 머리끄덩이 잡고 싸우는데 중국인은 주로 칼을 쓴다는 거예요. 그런데 오 분 내에 찌른 사람이든 찔린 사람이든 핏자국이고 뭐고 다 사라진다는 거예요. 미등록 이주노동자니까 신고가 들어가면 그대로 잡히니까요.

그 순간 머리를 쾅 맞은 느낌이 있었어요. 슈퍼 아주머니가 본 모습은 제가 미처 보지 못한 모습이었죠. 그리고 그 모습은 이주노동자들이 어떤 긴장 속에서 살아가고 있는지 여실히 보여 주는 것이었어요. 칼에 찔려 아픈데도 단속당할 것이 두려워 숨어야 하는 거죠. 목숨보다 더 무서운 것은 미래를 송두리째 물거품으로 만드는 단속인 거죠. 나는 아무렇지 않게 편하게 느끼는 공기가 저 사람들에게는 굉장히 다른 거구나. 나는 너무 당연해서 인식조차 못하는 자유가 이 사람들에게는 자유가 아니구나. 뭐랄까, 불균형, 불평등하다는 거. 그렇다면 나와는 다른, 이 사람들만이 느끼는 경험의 정체가 뭘까. 호기심이 생겨서 그걸 파헤쳐 보고 싶다고 생각했어요. 그 사람을 만드는 건 바로 그 사람이 처한 삶의 조건이라는 생각이 들어서요.

같은 하늘 아래 같은 공간에 있어도 처지가 다르면 숨 쉬는 공기가, 누릴 수 있는 자유가 다르다는 말이 화살처럼 가슴에 꽂힌다. 순간 그리운 그 친구 얼굴이 떠올랐다.

이태원에는 세계 각지에서 온 이주민들이 터전을 일구며 살고 있다. 서구는 말할 것도 없고 동남아 혹은 더 먼 아프리카에서 온 이들도 있다. 나는 인종, 문화와 배경이 서로 다른 이들이 이웃하며 살고 있는 이태원이 다른 어느 동네보다 마음 편하고 살기 좋았다.

동네에서 가깝게 지내던 동갑내기 필리핀 친구가 있었다. 한국에서 산 지 육 년쯤 된 그녀는 개인 소개를 받아 파출부와 보모로 일했다. 그녀는 미등록 이주노동자였다. 처음 한국에 왔을 때는 경기도 어느 공장에서 일을 했단다. 일은 힘들고 임금은 적은데 그나마 잘 주지도 않았다. 결국 견디다 못해 일자리를 찾아 서울로 왔고 비자 만료 후에도 한국을 떠나지 않았다. 돈을 더 벌어야 했기 때문이다. 싱글맘인 그녀는 필리핀에 두고 온 아들뿐만 아니라 오빠, 어머니의 생계까지 책임지고 있었다. 오랜 타지 생활과 고된 노동 탓에 몸이 아프거나 외로울 때면 마음이 약해져 종종 눈물을 흘리기도 했지만 그녀는 억척스럽고 강인하게 버텨 냈다. 미등록 이주노동자라는 신분 때문에 항상 사람을 경계하고 주위를 살피는 불안한 생활에 몸과 마음이 지칠 때도 제 처지를 비관하는 대신 이를 악물었다. 한 푼이라도 더 벌어야 한다고, 아들이 학교를 졸업할 때까지는 조금만 더 버텨야 한다고 했다.

그런 친구에게 신세를 진 적이 있다. 한동안 있을 곳이 막막해 길바닥에 나앉을 처지였다. 그녀는 제 집에 와 있으라 했다. 자신도 매달 필리핀으로 돈을 부치느라 먹고살기 버거운 형편일 텐데 기꺼이 호의를 베풀어 준 것이다. 마음이 따스하고 정이 많은 사람이었다. 어느 날 한번은 친구가 짓궂은 표정을 짓더니 내게 이런 농담을 던졌다.

난 한국 사람은 다 잘사는 줄 알았는데, 넌 아니네, 나랑 똑같네?
하긴 그렇네. 집도 없고 돈도 없고, 너나 나나.

우리는 마주 보고 깔깔 웃었다. 그날 밤 캔맥주 하나를 나눠 마시면서 밤하늘도 올려다보았다. 동병상련, 역지사지, 그런 감정이 우리 둘 사이를 오갔다. 그녀는 제주도에 한번 가 보는 게 소원이라고 했다. 친구에게 진 마음의 빚을 갚고 싶어서, 친구를 기쁘게 해 주고 싶어서 난 냉큼 말을 꺼냈다. 언제 일 안 하는 날 함께 제주도에 놀러 가자. 그런데 이상하게도 친구는 전혀 기뻐하지 않았다. 아득히 먼 데만 바라보았다.

> 난 제주도 못 가. 갈 수 없어.
> 왜? 너 가고 싶다고 했잖아?
> 비행기 타야 하잖아. 너도 알잖아.

 비행기를 타려면 신분증을 내야 한다. 하지만 그녀는 그럴 수가 없다. 여권을 내미는 순간 미등록 이주노동자라는 사실이 바로 드러나고 그러면 그대로 추방을 당하게 될 것이다. 나는 머리를 한대 세게 얻어맞은 기분이었다. 아아, 나는 얼마나 무신경한 인간인가. 이 얼마나 눈치 없는 제안이던가. 그녀가 얼마나 조마조마하게 한국에서 살고 있는지 누구보다 잘 알고 있으면서도 이런 한심한 소리를 하다니. 나는 미안하고 부끄러워서 말을 잇지 못했다. 친구를 잘 이해하고 있다고 생각했기 때문에 더 쥐구멍에라도 들어가고 싶었다. 내겐 너무도 당연한 것이 그녀에게는 당연하지 않다는 사실을, 같은 시공간에 있어도 서로 숨 쉬는 공기가 다르다는 걸, 나와 그녀에게 허락된 자유가 같지 않다는 것을 나 또한 인식하지 못했던 것이다.

한국인들과는 시선을 잘 마주치지 않지요. 마석이라든가 이런 데를 벗어나면 말소리도 낮추고 조심하고요. 빤히 쳐다보는 사람, 안쓰러워하는 사람들도 있지만. 술 취한 나이 먹은 남자들은 너희 나라로 가. 하지만 그 정도야 아무것도 아니죠. 노동 현장에서 이미 그런 경험을 너무 많이 당해서요. 한국에서 몇 년 지나면 한국인들 앞에서 어떤 태도를 취해야 하는지 잘 아니까. 겸손한 태도로 순하고 예의 바른 사람인 척 기본적으로 불쌍하게 보이도록. 자기 집이라던가 본인들 생활 영역에서는 스스럼없이 잘 지내지만 한국에선 자기 성격대로는 못 살고 있는 거 아닌가.

그런데 이분들 본국으로 돌아가면 달라요. 모국어로 크게 얘기해도 되고 있는 그대로 자길 숨기지 않아도 되고. 개인마다 주체적인 인간이고 모두 자기 삶을 스스로 영위하는 존재들. 절대 주눅 들지 않은 사람들이고 각자 나름대로 개성이 넘치는 인물들인데요. 한국에서 봤을 때랑 자기 나라로 돌아가서 자기 옷을 입고 있을 때랑 완전 달라요. 거기 가면 멋있어요. 배경이 달라지니 정체성이 있는 그대로 자존감으로 느껴지는 거죠.

대림동, 가리봉동같이 조선족이나 중국인이 모여 사는 동네는 한국인들이 가기 꺼린다고 한다. 마치 중국 어느 뒷골목에 온 것 같다며 나다니기 '무서운 곳'으로 생각하는 것이다. 내가 살고 있는 이태원도 예외는 아니었다. 지금이야 맛집 명소로 뜨고 있지만 10여 년 전에는 달랐다. 내가 경리단에 살고 있다고 하자 주변에서 툭하면 밤길 무섭지 않느냐고 물었다. 외국인들, 동성애자들 특히 흑인들이 무섭지 않느냐는 게 이유였다. 말 그대로 성소수자나 흑인에 대한 근거 없는 공포심이 있는 것이다. 그때마다 나는 백인 프랑스인이 많이 사는 서래마을은 다니기 안 무섭냐고 반문했다.

공포는 다름 아닌 타자에 대한 무지함에서 생긴다. 모르기 때문에 경계하는 것이다. 곁에서 자주 접하지 못한 사람, 이웃으로 친구로 한번도 만난 적이 없는 낯선 사람일수록 더 깊은 편견의 대상이 된다. 그리고 현숙의 지적처럼 대중매체가 인종에 대한 편견과 왜곡된 이미지를 재생산한다. 영미와 유럽 사람들에 대한 이미지는 호감 일색인 반면 피부색이 어두운 아시아인이나 흑인은 무서운 존재라고 각인시키는 것이다. 이렇듯 인종적 편견이 담긴 이미지가 한번 고착되면 사실 여부와 상관없이 이들이 사는 곳은 더럽고 불결하며 위험한 곳이 된다.

한국은 영미권보다 인종 차별이 심하지 않은, 그나마 외국인이 살기 편한 나라라고 생각하는 한국인이 많다. 하지만 천만의 말씀이다. 우리가 인종에 따라 차별해서 대우하기 때문에 차별을 잘 인식하지 못할 뿐이다. 백인인 경우에는 한국인이 한없이 친절했다고 기억하는 사람이 대다수일 것이다. 그렇지만 똑같은 질문을 조선족이나 방글라데시인, 필리핀인 또는 나이지리아인에게 한다면 어떨까. 이들은 전혀 다르게 얘기할 것이다.

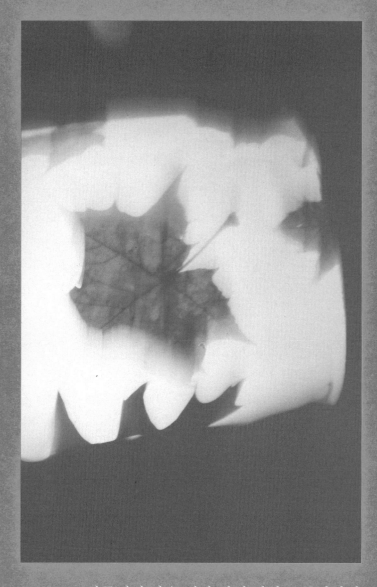

한국에서 봤을 때랑 자기 나라로 돌아가서
자기 옷을 입고 있을 때랑 완전 달라요.
거기 가면 멋있어요. 배경이 달라지니 정체성이
있는 그대로 자존감으로 느껴지는 거죠.

존 버거가 쓴 《제7의 인간》이란 책이 있어요. 60년대 독일에 온 터키 이주민 그러니까 이주에 대해 다룬 책이죠. 거기에 이런 문구가 있어요. '다른 사람의 삶을 이해하려면 그 사람에게 있는 모든 걸 별자리까지 재조합해서 자기가 경험한 것처럼 해야 한다'고요. 그래서 결국 가 보는 수밖에 없다. 직접 가서 보자 그렇게 된 거죠. 제가 원래 뭐든지 부딪혀 보는 걸 좋아하는 탓도 있고요. 경험주의적인 인간이라서요.(웃음) 저한테는 자연스러운 선택이었어요. 그래서 방글라데시에 갔는데 가 보니 알겠더라고요. 자신이 현실에서 아무런 선택을 할 수 없으면 결국 이런 선택을 할 수밖에 없겠다는 걸요.

거기서 현지 젊은이들을 만났는데 그때 깨달았어요. 외국 그러니까 한국으로 올 수밖에 없구나. 청년들이 말하잖아요. 여기서는 아무것도 할 수 없다. 살 수가 없다. 이곳에서는 테러리스트 아니면 정치인밖에는 살 수가 없다고. 그 말이 가슴에 와 닿았어요. 최근에 다카 도심에서 테러가 크게 났는데 테러를 저지른 사람들이 젊은이들이었거든요. 이런 절망적인 삶의 조건이 그런 선택을 할 수밖에 없게 내몰고 있구나. 이들이 처한 현실을 보면서 그 생각이 났어요.

나는 책을 펴서 그녀가 인용한 구절을 찬찬히 소리 내어 읽어 보았다.

다른 사람의 경험을 이해하려면, 어떤 세계 안에 들어 있는 사람의 입장에서 바라본 그 세계의 모습을 해체하여 자기 시각으로 재조립해 볼 필요가 있다. 예를 들어, 다른 사람이 행한 일정한 선택을 이해하려면, 그가 부닥쳤거나 거절당했던 다른 선택들의 결핍 상태를 상상 속에서 직시해 보아야 한다. 잘 먹는 사람들은 못 먹는 사람들의 선택을 이해할 수 없다. 서툴게나마 남의 경험을 파악할 수 있으려면 그 세계를 분해해서 재조립해 봐야만 하는 것이다. 남들의 주관 속에 들어가느니 하는 얘기는 오해에 이를 여지가 있다. 남들의 주관이란 똑같은 외부적 사실들에 대해서 단순히 내부적인 태도만이 다른 걸 말하는 것이 아니다. 그가 그 중심부에 놓여져 있는 사실들의 별자리 자체가 다른 것이다.

—《제7의 인간》(눈빛, 97쪽)

그가 온 곳 그리고 그가 사는 세계와 그가 존재하는 조건을 알지 못한다면, 한 인간을 온전히 이해하는 것은 불가능하다. 나는 그를 '이해'한다고 말하지만 내가 이해하는 것은 내가 아는 세상에서 바라본 그일 뿐이다. 그가 있는 세상에서 그가 선택한 그가 아니다.

연민은 내 입장에서 그를 바라보는 것이고, 공감은 그의 입장에서 그를 바라보는 것이다. 연민은 강자인 내가 약자인 그를, 가진 자인 내가 못 가진 자인 그를, 위에 있는 내가 아래에 있는 그를 내려다보는 것이다. 반면 공감은 그의 처지에 서서 그가 보는 세상을 함께 바라보는 것이다. 그의 시선으로 나를, 내가 사는 세상을 바라보는 것이다. 동등한 시선으로 서로 마주 보는 것이다.

결국 나와 다른 환경과 조건에 처한 타인을 이해하는 일은, 특히 그가 겪은 경험을 이해한다는 것은, 내 위치를 내 관점을 내려놓는 것, 내 존재를 버리는 일에서부터 출발한다. 그렇게 본다면 공감 없는 이해는 이해가 아니라 오해이자 편견 아니면 위선인 것은 아닐까. 지금까지 우리가 이주민을 바라본 감정은 공감이 아니라 연민이었던 것은 아닐까. 나 자신을 그들보다 우월한 위치에 놓고 그들을 불쌍하거나 안쓰럽게 내려다보았던 것은 아닐까.

외국에서 일하면 본국 가족들은 이들을 마치 통장처럼 여기는데요. 그러니까 은행 계좌인 건데. 자신이 그런 존재인 줄 알면서도 끊임없이 돈을 고향 가족에게 부치거든요. 왜 이들은 자국을 떠나서 외국으로 온 걸까. 왜 떠나왔을까. 이 사람들은 생존도 중요하지만 제 삶의 고리를 더 중요시하는 사람들인데. 그런데도 자신이 살던 생활 기반을 전부 내려놓고 타국으로 온 이유가 도대체 뭘까. 그 이유가 무척 궁금했어요. 한국인들이 매번 왜 떠나왔어요? 왜 왔어요? 물을 때마다 얼마나 답답했겠어요. 그런데 사실 저도 똑같이 물었죠.

〈계속된다—미등록 이주노동자 기록되다〉에서 한 이주노동자는 감독의 질문에 이렇게 대답한다. "남의 나라에서 고생하는 게 뭐가 좋겠냐. 아무리 가난하게 살아도 내 나라에서 사는 게 좋지." 이 말에 현숙은 "나는 그동안 이주노동자를 편협하게 이해하고 있었다"고 고백한다. 그리고 이렇게 말을 맺는다. "이들은 자기 나라로 돌아가도 또 어딘가로 떠나야 하는 사람들이다"고.

"한국인들은 자기들이 백인인 줄 알아요"

사실 이들이 타국으로 이주를 하거나 이민을 떠나는 것은 돈을 벌거나 일자리를 찾기 위해서만은 아니다. 다시 말해 빈곤 하나 때문만은 아니란 것이다. 자신이 처한 현실에서 벗어나고픈 욕구가, 다시 말해 살아 있고자 하는 갈망이 그를 다른 세계로 이끄는 것이다.

떠나온 이들은 모두 능동적이고 주체적인 사람들이거든요. 바로 그런 사람들이 본국을 떠나와요. 저뿐이 아니라 대부분 한국인 우리는 이주노동자들이 자기 나라에서 먹고살기 힘들어서 오는 거다라고만 단순하게 생각하는데, 사실 그런 생존의 문제보다는요 이 혈기 왕성한 젊은 청년들이 뭔가 하고 싶다는 에너지가 넘치는데 그 사회에서는 일할 기회도 할 일도 없어서 이주하는 경우가 더 많아요. 그래서 반복해서 일자리를 찾아 다른 나라로 떠나고 이주를 감행하죠. 그러니까 이주는 자신이 선택한 게 맞긴 한데, 다른 선택지가 없어서 선택하는 거예요. 사실 생각해 보면 이게 본인에게 가장 행복한 선택은 아니잖아요.

알다시피 전 지구적인 세계화 때문에 자본의 흐름에 따라 여기 한국까지 오게 된 건데요. 이전부터 그랬고 지금도 그렇고 앞으로도 자본은 아무런 제약 없이 자유롭게 국경을 넘나들 텐데 노동 즉 사람은 계속 국경에 가로막혀 불법이라는 상황에 놓여야 하니까. 결국 사람만 노동자만 힘들 수밖에 없죠.

이주란 살던 곳에서 다른 곳으로 삶의 터전을 옮기는 것을 뜻한다. 이주, 이민은 한국인 우리에게도 낯선 말이 아니다. 잠깐만 우리 역사를 돌아봐도 알 수 있는 일이다. 현숙의 아버지는 80년대 사우디아라비아에서 건설노동자로 일한 경험이 있다. 내 아버지도 마찬가지다. 이북 출신인 아버지는 젊은 날 베트남으로, 머나먼 사우디로 이주 노동을 떠났던 이주노동자였다. 부모 세대뿐 아니라 그 윗세대 분들에게도 이주 역사가 있다.

일제 치하에서 농토를 빼앗기고 일자리를 잃어 살길이 막막해진 조선인들은 유랑민으로 떠돌고, 만주로 시베리아로 이주했다. 그들의 후손이 현재 조선족이다. 배를 타고 바다 건너 먼 미국 하와이로 떠난 조선인들도 있었다. 사탕수수 농장에서 노예처럼 일했던 이들 모두 이주노동자였다. 계약 이주노동자로 멕시코, 브라질로 떠나 '애니깽'이라 불리며 멸시와 천대 속에서 일했던 조선인들도 있다. 이들이 모두 한인 이민 1세대다. 일본 본토로 징용, 징병된 조선인들과 사할린 등지로 이주와 이산을 겪은 조선인들도 빼놓을 수 없다. 러시아령의 만주에 살던 조선인들은 스탈린 치하에서 중앙아시아로 강제 이주당하기도 했다.

이주 노동의 역사는 현대로도 이어졌다. 박정희 군사정권 시절인 60년대에는 베트남전에 용병과 기술자로, 70대에는 독일에 광부와 간호사로 파견됐다. 80년대에 중동 건설 붐이 일었을 때는 건설노동자로 이주했다. 이렇듯 한국 근현대사의 한 축은 이주 노동의 역사기도 하다. 식민지 조국의 해방을 위해서든, 빈곤에서 벗어나기 위해서든, 더 나은 기회를 잡고 싶어서든, 세계 최빈국에서 탈출하기 위해서든, 외화벌이에 나서 경제를 살리기 위해서든, 자신의 욕망에 의해서든, 사회가 요구해서든 간에 그렇게 많은 한국인이 여기가 아닌 저기 어딘가에서 살기 위해서 이주를 감행했다. 그리고 이를 국가 차원에서 장려한 나라가 바로 대한민국이다.

구한말부터 시작된 한국인의 이주와 이민 역사는 20세기 내내 계속되었다. 그런데 언제부터인가 우리는 이런 역사를 잊고 있는 듯하다.

망각했다기보다는 한국의 극우 보수가 주입한 단일민족 이데올로기 때문은 아닐까요? 사실 기득권을 쥔 자들은 민중을 자기와 다른 신분, 개돼지로 표현하잖아요. 일반 국민을, 서민들을 자기와 같다고는 절대 생각 안 할걸요. 계급이 다르니까. 그런데도 왜 계속 단일민족이라는 이데올로기를 심화하고 유포하느냐. 그걸로 얻는 이득이 훨씬 많으니까. 그 이데올로기로 이득을 보는 사람들, 끊임없이 잘 먹고 잘사는 사람들이 있다는 거죠. 하지만 단일민족이 세상에 어딨어요? 우린 그냥 다 노동자지. 철도 한참 지난 옛날이야기나 하고. 이미 다문화 다인종이 현실이다, 그걸 사실대로 받아들여야 하는데 말이죠.

단일민족이라는 건 사실이 아니라 신화에 불과해요. 일제 식민지에 저항하려고 민족주의를 고취하고자 한민족이라는 걸 강조하기 시작했는데, 근현대로 넘어와서는 박정희 군사정권 때부터 단일민족이라는 논리를 전 국민에게 교육으로 세뇌한 게 아닐까. 그러니까 우린 하나고 핏줄이 같으니까 내가 잘못해도 너는 좀 봐줘 우리가 남이가 이런 식으로. 난 여기 귀속되어 있는데 쟤는 나랑 다르니까, 내가 쟤보다 더 우월해 이렇게 생각하는 거죠. 과거 나치즘을 경험한 독일은 이런 이데올로기를 경계하고 법으로 강제하는데요. 그런 인식 자체가 극도로 편협하고 인간을 인간으로서 해석하지 못하게 하는 장벽이라는 걸 인식해서죠. 이런 식으로 반성할 기회가, 돌아볼 기회가 한국은 전혀 없었던 거죠.

이 세상에 과연 순수한 민족이 있을까. 대체 피가 순수하다는 것은 무엇일까. 유전자 검사를 해 보면 나올까. 그런데 정말 순혈 단일민족 유전자를 지닌 한국인이 있기나 할까. 무엇을 기준으로 순수한 혈통을 판단할 수 있다는 것일까.

단일민족이란 말은 다분히 정치적이다. 현숙의 지적처럼 '단일민족'이란 말은 굳게 믿고 싶은 상상계, 즉 '신화'다. 실제로 '한민족'이란 관념은 일제 치하에서 일제와 차별되는 단일한 민족 동일성을 구축할 필요가 있어 생긴 민족주의 이데올로기의 부산물이다. 그런데도 단일민족이라는 관념에 젖어 있는 한국인은 자연적(?)으로 발생한 '순혈'이라는 자부심을 갖고 '혼혈' 또는 외국인을 차별한다.

그런데 한국 사회에서 모든 이주민을 혐오하거나 차별하는 건 아니다. 통일을 염원한다면서 탈북민은 멸시하고, 한민족이라면서 미국·서유럽 교포는 환대해도 중국·러시아 교포는 차별하는 게 우리다. 부유한 선진국에서 온 사람은 비굴하게 추종하면서 열등감을 느끼고, 가난한 개발도상국에서 온 사람은 깔보고 경멸하며 우월감을 느끼는 것이 우리다. 피부가 하얀 백인보다 피부가 어두운 동남아시아인, 흑인을 혐오하는 것이 우리다. 우월감과 열등감은 다르지 않다. 이중성이다. 주체성과 균형감각을 상실한 사람이 보이는 태도다. 집권 정당의 대표가 자원봉사 나온 흑인 유학생에게 "얼굴이 연탄색"이라며 대놓고 농담하는 게 한국 사회다. 더 큰 문제는 그 말이 모욕적이고 인종 차별적이라는 것 자체를 그를 비롯한 많은 사람이 인식하지 못한다는 데 있다.

한마디로 서구 백인 중심의 촌스럽고 천박한 차별 의식인 거죠. 한국 사람은 국적, 피부색으로 사람을 차별해요. 예를 들어 우리는 같은 아시아인인데도 동남아에서 온 사람과 일본인을 구별해요. 피부색이 희면 이 사람 뭐 있나 보다며 중요하게 생각하고 우러러보고 더 잘 대해 주고. 얼굴이 까맣다면 깔보고 막 대하고 함부로 하고. 그러니까 우리는 자기가 백인인 줄 알아요. 서양인인 줄 착각하는 거예요. OECD 가입했다 경제 발전 했다는 우월감에 우리가 제1세계 사람인 줄로 아는 거죠.

가장 모욕적인 말
"너희 나라로 가!"

대한민국은 단일민족 국가인가. 아니 그런 질문 자체는 이제 의미가 없다. 한국 사회는 이미 나와 다른 사람들과 더불어 살 수밖에 없는 다문화, 다인종 사회로 진입했기 때문이다. 다큐멘터리 〈여정〉에 이런 장면이 나온다. 집회 현장에서 한 이주노동자가 마이크를 잡고 이주노동자들의 인권을 보장하라고 목소리를 높이면서 말한다. "한국 사람 피도 빨갛고 외국인 노동자 피도 빨갛다. 이 세상 모든 사람 피는 똑같다. 모두 빨갛다."

한국인이란 과연 누구인가. 실제 한국인이라는 정체성이 뭔가요. 전 한국인이란 한국이라는 환경 조건 안에서 살면 다 한국인이 아닌가, 정치·경제 심지어 물가 하나에도 영향을 받으면서 여기서 살고 있는 사람이면 모두 한국인이 아닌가 생각해요. 핏줄이 하나인

단일민족 그런 의미가 아니라요. 예를 들면 한국에 살고 있는 이주민과 이주노동자는 엄연히 한국 사회의 구성원으로 삶의 조건이 모두 한국에 있어요. 그런데 문제는 이들이 아주 불평등한 조건에 놓여 있다는 거예요.

다큐에 나온 이주노동자 산티에게 동생이 있는데요. 동생은 한국에서 자랐는데 미등록 이주노동자라서 학교를 못 다녀요. 학교에 안 가려고 안 간 게 아니에요. 여기서 공부를 하고 싶어도 법적으로 인정도 안 되고 대학도 갈 수 없어요. 그러니까 한마디로 미래가 없는 거죠. 생활 기반이 전부 한국에 있는데도 여기서는 미래를 꿈꿀 수가 없는 거예요. 자기 이름으로는 뭐든 불가능해서 명의를 빌려야 하고. 이주민도 공부도 해야 하고 살려면 집도 필요하고 일하려면 차도 필요하고 그런 건데, 인정해 주지 않는 거죠. 이들은 여기서 엄연히 일하면서 살고 있는데 없는 존재라는 거죠. 얼굴 생김새와 피부색만 조금 다를 뿐 여기서 태어나고 자라서 한국말 하고 사는데 나를 존중해 주지 않는다면 어떤 기분이 들까요?

90년대부터 한국으로 외국인 노동자들이 들어오기 시작했으니 그런 지 벌써 20년이 넘었다. 한국에서 태어나서 한국말밖에 못하는 2세대 이주민도 많아졌다는 얘기다. 그런데도 우리는 이들을 여전히 한국인으로 생각하지 않는다. 다큐에서 산티는 대학에 가서 역사학을 공부하고 싶다고 말했다. 한국사를 자기만큼 잘 아는 사람은 없을 거란다. 그 말에 가슴이 저렸다. 그녀는 부모가 한국인이 아니란 이유로, 미등록 이주노동자의 자식이라서 자신이 바라는 학교에 갈 수도, 원하는 공부도 할 수 없다. 이런 부조리한 일이 어디에 있을까. 어떤 사람들은 이들에게 미등록 이주노동자니 네 부모 나라로 돌아가라고 한다. 하지만 생김새가 비슷하다는 것 외에 이들과 부모 나라 사람들 사이엔 공통점이 거의 없다. 그러므로 그곳은 이미 고향이 아니다. 친한 친구들과 정든 동네, 추억이 깃든 곳 등 자신과 관련된 모든 것이 바로 여기, 한국에 있기 때문이다. 이들에게 한국은 외국이 아니다.

다큐 〈계속된다〉를 보면 방글라데시, 몽골, 미얀마 등지에서 온 이주노동자들이 한국에서 겪은 온갖 차별과 모욕에 대해 털어놓는 장면이 나온다. 한국인들이 시도 때도 없이 "가, 가, 너희 나라로 돌아가!"라며 손가락질할 때 "가"라는 말이 먹는 거라고 생각해서 "그거 안 먹어요"라고 웃으면서 대답했다는 차마 웃지 못할 일화도 들려준다. 이주민들에게 아주 오만하고 무례한 출입국 관리사무소 직원들에 대해서도 얘기한다. 이들은 이주노동자들을 마치 애 다루듯 반말을 하면서 짐짝처럼 함부로 대한다. 슬프고 화가 나고 동시에 부끄러워져 다큐를 계속 보고 있기가 너무 힘들었다.

> 그런 건 그냥 일상적 폭력이죠. 숨 쉬는 공기 같은 거예요. 한국에서 나이 어린 여자들이 어디서나 당하는 언어폭력, 성희롱 같은 거죠. 사람 이름 대신 '야, 인마, 개새끼…'로 부르는 뭐 이런 언어폭력

은 일상다반사로 일어나죠. 보통 대화가 언어폭력인데요. 온 지 얼마 안 된 사람이든 수년이 된 사람이든 똑같이 인격 모독을 당해요. 그중에서 너희들 나라로 돌아가라는 욕설이 이주민에 대한 가장 큰 혐오이자 모욕적인 말인 거 같아요.

그런데 이분들이 미등록 노동자라서 부당한 모욕이나 폭력을 당해도 인권 침해에 대해 제소나 항의 그 어떤 것도 할 수 없다는 거죠. 법적인 보호를 전혀 받지 못하는 약자이기 때문에 상황이 더 힘들어요. 그러니까 무시당하고 욕먹는 건 그냥 기본 값, 디폴트인 거예요.

사람들이 길 가다가 외국인이라고 뒤통수 때리고, 히잡 썼다고 벗기려고 하고. 여자의 경우는 더 우습게 보고. 한국 남자랑 결혼한 이주 여성인 경우엔 주민등록증 발급 동의를 남편이 안 해 주는 경우도 있고. 동의해 주면 도망간다, 버릇 나빠진다고 해서. 결혼한 의도를 의심받는 거죠. 반면 이주민과 결혼한 한국 여자들한테는 한국 여자가 왜 무슬림이랑 결혼해? 한국 사회에서 여자는 기본적으로 소유물이잖아요. 그러니까 결혼 이주 여성이든 아니든 여성을 관리, 통제하고 싶은 거죠. 이 나라에서 여성은 독립적 주체이자 한 개인이 아니라 국가와 남자의 소유물인 거예요. 그러니까 자기 소유물을 뺏긴 거지. 그래서 기분 나쁘다는 거예요. 이게 말이 돼요? 끔찍해요.

이주민에 대한 혐오와 차별은 이주 남성과 사귀거나 결혼한 한국 여성에게로도 확산된다. 한국에서 서구 백인이랑 사귀는 한국 여자는 남자들의 열등감을 건드리고 자존심을 구기는 헤픈 년, 화냥년 취급을 받고, 조선족이나 동남아인 또는 흑인과 사귀는 한국 여자는 끊임없이 동정의 대상이 되거나 멸시를 받는다. 이주 외국 남성과 연애나 결혼을 하는 여자들은 결국 '단일민족'의 자존심을 버리고 국적을 파는 몹쓸 잡년들이 된다.

외국인과 사귀었을 때 나 역시 서너 번 모욕을 당한 적이 있다. 애인과 함께 전철을 타고 가던 길이었다. 맞은편에 술 취한 노인이 우리 둘을 꼬나보더니 대뜸 나를 양공주라고 불렀다. 양공주는 한국전쟁 이후 한국에 주둔하게 된 미군을 상대하던 여성들을 비하하던 말이다. 여성을 멸시하는 말로, 낙인을 찍을 때 쓰는 욕이다. 당시 한국어가 서툴렀던 애인은 내게 취객이 뭐라 했는지 물었다. 그에게 이유를 설명하면서 나는 목구멍까지 치밀어 오른 분노를 꾹꾹 눌러 삭혀야 했다.

또 한번은 친구들과 홍대 술집에서 즐겁게 술을 마시다 일어났다. 옆자리에 혼자 온 술 취한 한국 남자가 있었는데 합석하자며 치근거렸다. 우리가 거절하자 무안을 당했다고 생각한 남자가 시비를 걸기 시작했다. "외국 새끼가 한국 여자들 끼고 노니 좋냐? 너희들은 그렇게 외국 놈이 좋냐?"며. 어이가 없었던 우리는 아무 대꾸도 하지 않았다. 그러자 남자는 느닷없이 내 애인에게 달려들었다. 기습적인 공격에 애인은 그냥 맞았다. 자기 나라였으면 주먹을 날리고도 남았겠지만 미등록 이주노동자였던 그는 조용히 참았다. 그 상황에서 아무것도 할 수 없어 나는 너무도 참담한 기분이 들었다.

한국 남성과 결혼한 이주 여성도 혐오의 대상이 되고 차별을 받긴 마찬가지다. 수년 사이에 아시아 각국에서 일본이나 한국으로 이주해 오는 여성이 급증하고 있다. 자국에서 계급 차별에 여성 차별까지 겪어야 하는 가난한 여성들은 남성보다 무언가를 할 수 있는 기회가 더 없다. 결국 자본 없는 여성들은 결혼 이민을 가거나 가사노동자, 유흥업소 종사자로 이주를 감행할 수밖에 없다. 그러나 이주 여성들은 외국인 혐오를 겪을 뿐 아니라 성차별까지 당한다. 이주민으로서도 충분히 열악한 처지에 놓여 있는데 여성이라서 더욱더 어려워지는 것이다. 한국에서 결혼 이주 여성이란 결국 남성에게 가사노동과 성적 서비스를 제공하는, 순종적인 현모양처 이외의 의미는 없다. 그 역할을 거부할 경우 이주 여성에게 돌아오는 것은 학대뿐이다.

요즘은 길에서 이주 여성을 자주 본다. 오래전에 지방에 내려갔을 때다. 마침 지자체에서 지역 축제를 열었기에 잠깐 들렀다. 그런데 행사장에서 먹을거리를 팔고 있는 여성 대부분이 결혼 이주 여성이었다. 그녀들은 모두 한복을 곱게 차려 입고 전을 부치고 토산품을 팔고 있었다. 그 모습이 마냥 좋아 보이지는 않았다. 한국 사회가 이주 여성을 받아들이는 방식이 여실히 드러났기 때문이다. 오직 한국인이 돼라는 것, 귀화하라는 것뿐이다. 그렇다면 다문화 가정이라는 그럴싸한 이미지에 가려진 건 무엇일까. 이주지에서 온갖 인종적 편견과 성차별에 시달리는 이주 여성의 목소리, 그녀들의 실제 삶이다.

분풀이 대상이 되는 사람들

OECD에 가입된 선진국에선 상대적으로 남녀 차별이 적다. 그러나 OECD 가입국임을 자랑스럽게 내세우는 한국에서는 인종차별과 성차별이 난무한다. 무엇보다 사회적 약자에 대한 인권 의식과 배려가 거의 없다. 왜 그럴까. 그 바탕에는 돈이면 장땡이라는 천박한 속물근성과 양성평등 의식이 전무한 가부장적인 남성 우월주의가 있다.

> 한국 사회가 근대화를 압축적으로 겪다 보니 그 과정에서 공동체가 모조리 파괴되고 극단적으로 경제, 그러니까 돈만 최고로 여기게 되었죠. 내 가족, 내 새끼, 내 집값. 남은 건 오로지 이거 하나밖에 없는 건데요. 그런데 점점 생존하기가 힘들어지니까 다들 생각이 어디로 가겠어요?
>
> 혐오가 심해지는 이유는 사회가 보수화되고 경제 상황이 악화되기 때문이에요. 어느 나라든 극우 보수 정부가 들어서면 이주민 정책이 바뀌죠. 이주민을 탄압하는 폭력적인 정책이 등장해요. 이주민 지원비가 삭감되고 이주민 혐오 발언 공격도 늘어나고요.

문제는 정치를 혐오하게 해서 정치에 무관심하게 만든다는 데 있어요. 대중매체나 언론이 정치를 혐오하게 만들고 기득권인 자기들끼리 뚝딱뚝딱 다 해 먹으려고 하는 거죠. 게다가 기존 정치에 대한 혐오를 다른 이들, 사회적 약자를 혐오하는 거로 돌리게 하고요. 사실, 사회 문제를 해결하려면 정책을 만들고 법을 바꾸고 현실정치를 바꿔야 하는데, 그걸 못하게 막으니까 다들 문제의 진원지가 아닌 곳에다 감정적으로 화를 푸는 거죠. 분노를 자기보다 약한 사회적 약자, 희생양에게 쏟아붓는 거지요.

그러니 사회가 보수화되면 될수록 당연히 이주민들에게는 더 위험하죠. 다음에도 보수 정권이 들어서고 경제 상황이 더 악화되고 그러면 어떻게 될까. 걱정스러워요. 이전에는 이주민들의 사회적 지위만 낮았지만 이제는 이주민을 공격하는 혐오 범죄가 점점 더 많이 나타날 거라 생각하거든요. 지금은 여성을 혐오하지만, 사람들이 점점 더 불만을 품고 분노에 차 있고 모두 다 피해자라고 생각하면 무차별하게 장애인, 성소수자, 이주민에게 직접적으로 혐오 폭력을 행사하지는 않을까. 왜 없겠어요?

언젠가 SNS상에서 지인이 쓴 글을 읽고 깜짝 놀란 적이 있다. 이주노동자들이 한국인 노동자의 일자리를 빼앗고, 이주민이 많이 사는 지역은 땅값이 떨어진다는 내용이었다. 결국 이주민들 때문에 환경이 안 좋아진다는 소리였다. 대학 시절 나름 민주화 운동깨나 했다던 사람이 중산층 기성세대가 되더니 한다는 소리가 이랬다. 직접적으로 혐오하지만 않았을 뿐 한국인 대부분이 속으로 이렇게 생각하고 있는 것은 아닐까. 나는 충격을 받았다.

이주민이 정말 한국인 노동자의 일자리를 빼앗나? 말이 되지 않는 소리다. 이주노동자는 대부분 한국인이 기피하는 3D 업종에 종사한다. 열악한 환경과 처우, 임금을 받는 일자리에 주로 취업한다. 남성의 경우 예를 들면 마석 가구 단지를 비롯해 철공소, 주물소, 유독성 물질을 다루는 영세한 염색공장 등에서 일한다. 여성의 경우에도 식당에서 서빙을 하는 등 주로 고된 일터에서 일한다. 게다가 사실상 일자리가 없으면 돌아가는 사람들이 그들이다. 이주노동자들 때문에 한국 경제가 악화되거나 내가 먹고살기 힘들어지는 게 아니다. 불황이 지속되어 일자리가 줄어들고 공장이 문을 닫게 되는 거다. 그 경우에도 대부분 비숙련 저임금 노동에 종사하는 이주노동자는 일하고 싶어도 한국에서 설 자리가 없다.

우리가 아무리 열심히 일해도 생계가 불안정해지는 이유는 부익부 빈익빈이라는 한국 사회의 불평등한 분배 구조 때문이다. 기득권에게만 극단적으로 집중되는 부의 편중 현상이 나날이 심화되고 있어서다. 다시 말해 경제 민주화를 이루어 내지 못한 정치의 무능이 원인이다. 그런데 현실정치를 바꾸는 길은 너무나 멀고 내 분노는 지금 당장 해소되어야 한다. 이때 즉각적으로 책임을 전가할 대상이 필요하고 그들이 바로 이주노동자인 것이다. 나와 다르기 때문에 가장 손쉽게 비난의 화살을 돌릴 수 있는 대상이기 때문이다.

그러나 이주노동자는 한국에서 나와 똑같이 일해 먹고사는, 나와 같은 노동자다. 그런데도 이들은 '여기' 있어도 '없는' 존재가 된다. 이 사회에서 노동하며 자기 역할을 하고 있는데도 이들에게는 아무런 법적 권리가 없다. 남의 나라 와서 싼 임금에 한국인 노동자의 일자리를 빼앗고 손해를 끼치는 부당한 경쟁자, 번 돈을 모조리 제 나라로 보내 제 배나 불리는 족속들일 뿐이다. 그들을 일하게 해 준 한국에는 아무런 기여도 하지 않는 무익하고 이기적이며 불온한 존재로만 인식되는 것이다.

우리는 모두
연결돼 있다

혐오 심리 즉 타인을 나와 차별하고 싶은 마음, 권력 관계로 차등을 두고 싶어 하는 마음은 아마도 인간 내면에 내재되어 있는 속성일지도 모른다. 누구나 그런 마음이, 욕구가 생기는 순간이 있을 수 있다. 인간은 무지와 편견에 취약한 이기적이고 모순적인 존재이기 때문이다. 그렇기 때문에 타인을 차별하고 혐오하고 싶은 마음이 잘못된 것이라는 생각 즉 윤리 의식을 갖추는 것이, 무엇보다 타인과 내가 다르지 않다는 공감 능력을 키우는 것이 가장 중요해진다.

솔직히 인종차별주의자가 세상 어딘들 없겠어요. 겉으로는 아닌 척하지만 속으로는 차별하고 그러잖아요. 그런데 그러면 안 된다는 사회적 인식, 법적 제재가 있으면 자기 검열을 하게 되고 그러다 보면 익숙해지고 습관이 되면 자연스러워지는 거지요. 이건 옳지 않다는 거를 사회 전체가 법이든 뭐로든 만들어서 인식할 수 있게요. 무엇보다 인식을 바꾸려면 교육이 중요하겠죠. 이주민을 혐오하거나 차별하는 것은 범죄라는 걸 분명히 가르치고 배워야 해요. 저는 정치적으로나 사회적으로 '평등'이라는 가치가 가장 중요하다고 봐요. 그런데 자본주의 사회의 현실은 평등하지 않죠. 저는 자본주의 사회에 존재하는 소외와 착취의 중심에 누구보다 바로 이주민이 있다고 생각해요. 이 사회에서 그들이 소외당하지 않고 평등할 수 있다면 다른 사회적 약자인 여성, 장애인들도 평등할 수 있겠다. 그러면 세상이 좀 더 좋아지지 않을까?

사람은 누구나 마음 한구석에 자신만이 유달리 정신세계가 복잡하고 다른 이들은 단순하다며 얕잡아 보는 마음을 품고 있다. 물론 이는 잘못된 생각이다. 우리 모두는 자신만의 꿈과 희망, 소망과 갈망 그리고 상처를 품고 있다. 누구나 자신만의 자아를 가지고 있다는 점에서 세상 모든 사람은 평등하다. 타인이란 말 그대로 내가 아니지만 나와 같은 사람이다. 나처럼 자아가 있는 사람이다. 언어가 다르고 피부색이 다르고 국적이 달라도 마찬가지다. 공항 터미널에 억류된 시리아 난민 가족과 경기도 마석 가구 단지에서 일하는 방글라데시인 미등록 이주노동자와 삼성 반도체 공장에서 백혈병 산재로 숨진 노동자와 세월호 참사 진실 규명에 나선 유가족과 오늘도 피곤에 절어 퇴근하는 우리는 결코 서로 다른 얼굴들이 아닌 것이다.

> 단순히 이게 그 사람한테만 필요한 게 아니라 우리가 필요로 한 것도 있는 거고요. 예를 들어 마석에 이주민이 없으면 한국인 집주인, 공장을 운영하는 한국인들은 어떻게 할 건데요? 이주민들을 대신해서 그 일은 누가 할 건데요? 이주민이 없으면 문을 닫아야 하고 일할 사람도 못 구하고 방세도 못 받는 거죠. 그러니까 서로 서로 기대면서 사는 건데. 그들이 없어지면 너나 나나 손해지 않나요? 아니 우리 모두의 손해인 거죠. 결국 우리는 서로의 삶에 다양한 방식으로 연결되어 있고 우리는 이미 서로에게 친구이자 이웃이라는 거예요.

한국에 온 지 일곱 해가 지난 후 내 친구는 한국을 떠났다. 한국에서 불법 체류를 한 기간만큼 친구는 한국을 방문할 수 없다. 2015년 봄, 이곳으로 올 수 없는 그녀를 대신해 나는 비행기에 올랐다. 필리핀에서 나는 그녀와 재회했고, 그녀의 아들과 엄마, 이웃들, 그녀가 태어나고 자란 세계와 만났다. 그곳에서 나는 그녀의 존재 조건 속으로, 그녀의 삶 속으로 뚜벅뚜벅 걸어 들어갔다. 그리고 그녀 편에 서서 그녀가 바라보는 세상을 함께 바라보았다.

주현숙

독립다큐멘터리 감독이자 미디어 활동가. 2003년 이주노동자에 대한 이야기를 담은 옴니버스 다큐멘터리 〈여정〉에서 출발해 〈계속된다 – 미등록 이주노동자 기록되다〉(2004)와 〈멋진 그녀들〉(2007) 같은 이주노동자에 관한 다큐멘터리와 〈가난뱅이의 역습〉(2012), 〈족장, 발 디딜 곳〉(2014), 〈니가 필요해〉(2014)를 만들었다. 다큐멘터리 감독일 뿐 아니라 이주노동자 권리에 관해 꾸준히 발언하는 활동가이기도 하다.

현숙은 사회와 세상에 대해 알기 위해 카메라를 들었다. 그녀는 자신이 살고 있는 세상에 끊임없이 질문하고, 답을 찾기 위해 두려움 없이 그 속으로 뛰어든다. 거기에서 온몸으로 부딪히고 분노하고 기뻐하고 깨우친다. 그녀에게 다큐멘터리는 자신의 삶과 떼려야 뗄 수 없는 분신이자 거울이다. 진실한 삶을 들여다보는 창이다.

현재 현숙은 구로동맹파업(1985년 6월 24일부터 29일까지 구로 지역의 민주노조들이 노조운동 탄압에 맞서 벌인 동맹 파업과 지지 연대 투쟁)에 참여했던 여성 노동자들의 구술을 기록하는 다큐멘터리 〈빨간 벽돌〉을 찍고 있다. 이번의 질문은 '선택'에 관한 것이다. 그녀는 궁금하다. '인간은 과연 어떤 순간에 단지 먹고사는 생존의 문제가 아닌 인간의 존엄성을 지키기 위한 투쟁을, 타인을 위한 행동을 '선택'하게 되는가.'

현숙에게 다큐멘터리를 만드는 작업은 나를 비우고 다른 사람의 삶으로, 타자의 세계로 뛰어드는 일이다. 카메라를 통해 희망을 발견하는 과정이자 자신과 우리 모두의 삶을 기록하는 시간이다. 그녀는 드러나지 않은 사회적 문제의 징후를 포착하는 것이 자신의 몫이라고 여긴다. 또한 다큐멘터리가 세상을 바꿀 수는 없어도 한 사람의 인생은 바꿀 수 있다고 믿는다. 그녀가 바로 그 증인이기 때문이다.

4장.
'개인'을
지우는
군대를
거부합니다

— 김경묵 감독

대한민국에서 태어나고 자란 남자에게 군대라는 것은 언젠가는 반드시 맞닥뜨려야 할, 도저히 회피가 불가능한 미제(謎題)다. 이 문제만큼 한국 사회를 비이성적으로 돌변하게 하는 주제도 없다. 병역을 한국 남성이라면 반드시 거쳐야 하는 통과의례로 간주하니 이 문제는 웬만한 각오 없이는 건드리지도 못한다. 잘못 건드렸다가는 한마디로 벌집을 쑤시는 형국이 되기 때문이다.

대한민국 병역법 제88조 제1항은 이렇다.

현역 입영 또는 소집 통지서를 받은 사람이 정당한 사유 없이 (…) 입영하지 아니하거나 소집에 응하지 아니한 경우에는 3년 이하의 징역에 처한다.

현재 대한민국에서 건강한 성인 남자는 둘 중 하나를 선택해야만 한다. 군대 아니면 감옥, 병역을 지거나 아니면 징역살이다.

그러나 대한민국 헌법 제19조에는 "모든 국민은 양심의 자유를 가진다"고 명시돼 있다. 헌법에서 말하는 양심이란 자신의 주관에 따라 옳고 그름을 판단하는 내적 믿음을 뜻한다. 따라서 '양심의 자유'란 본인의 가치 기준에 따라 어떤 것이 옳고 그른지 판단한 후 자기가 옳다고 또는 옳지 않다고 생각하는 바를 실천하거나 실천하지 않을 자유를 뜻하며 헌법은 이를 보장한다는 것이다.

반면 헌법 제39조 제1항에는 '국방의 의무'도 명시돼 있다. "모든 국민은 법률이 정하는 바에 의하여 국방의 의무를 진다." 그런데 만일 자기 양심에 위배되어 입영을 거부하겠다는 사람이 있다 치자. 헌법에 따르면 그는 양심의 자유를 보장받아야 한다. 동시에 국방의 의무는 저버리게 된다. 같은 헌법에 바탕을 둔 '양심의 자유'와 '국방의 의무'가 서로 충돌할 수밖에 없다. 어떻게 해야 할까. 이 모순을 극명하게 드러내는 것이 바로 양심적 병역거부 문제이다.

때리는 것도
맞는 것도 싫다

2016년 크리스마스 캐럴이 울려 퍼지는 세밑 겨울비가 부슬부슬 내리던 날, 김경묵 감독을 만났다. 대뜸 근황부터 물었다. 그는 사회생활에 적응하고 있노라며 빙그레 웃었다. 외모만 봐선 곱상한 평범한 범생이다. 도대체 그의 어디에서 그런 의지와 용기가 나왔을까. 그는 2014년 4월 1일 입영 통지서를 받았지만, 입영 당일인 5월 13일 병역거부를 선언했다. 이후 2015년 1월 14일 재판을 거쳐 1년 6개월 형을 받고 수감되었다가 2016년 중반에 출소했다.

> 어렸을 때부터 남자보단 여자아이들의 문화와 놀이에 더 익숙했어요. 제가 제일 싫어했던 놀이가 비비탄 총싸움. 좋아하는 놀이는 인형놀이, 숨바꼭질이나 공기놀이, 고무줄놀이 그런 거였어요. 아주 잘했고요.(웃음) 우리 동네는 남녀 구분 없이 잘 놀았는데요. 그러다 보니 남자애들이랑 노는 거보다 여자애들이랑 더 잘 놀고 자연스럽게 친밀성을 느꼈죠.
> 고학년 때쯤이면 TV나 매체를 통해서 남자는 누구나 군대 간다 그런 걸 인식하게 되잖아요. 그런데 남자는 누구나 아니 내가 군대를 가야 한다는 것 자체가 너무 믿기지 않는 거예요. 난 저기 갈 수 없을 거라는 생각이 막연하게 들었어요. 정치적으로 표현할 수 있는 언어가 되기 전부터 감정적으로 그런 거부감이 있었어요. 당시부터 군사주의 문화에 대한 본능적인 거부감이 있었던 거죠.

병역거부를 결심한 동기가 무엇이냐는 질문에 경묵은 이렇게 대답했다. 그의 얘기를 듣다 보니 어린 시절 한 동무가 떠올랐다.

이웃에 살던 남자애였다. 그 애는 나와 또래 여자애들과 잘 어울려 놀았다. 고무줄놀이와 공기놀이도 잘했다. 그 애만 나타나면 그 애가 속한 편이 항상 이겼다. 그 애 손등으로 깃털처럼 사뿐히 내려앉던 공기알 다섯 개가 아직도 삼삼하다.

한국 사회에서는 어린 시절부터 폭력에 자연스럽게 길들여지도록 되어 있는데 저는 맞는 것과 때리는 것 모두 좋아하지 않았어요. 말로 할 수도 있고 다른 방법도 있을 텐데 그냥 이유도 없이 때리니까 폭력이 싫었어요.

학교 다닐 때 가장 불편했던 문화가 체벌이랑 왕따 문화. 한국에서는 90년대 말부터 본격적으로 왕따 문화가 시작됐을 거예요. 집이 가난하다거나 그게 티가 난다던가, 몸집이 작다든지 공부를 아주 못한다든지 해서. 뭔가 좀 모자라 보이는 애들, 말하자면 사회적약자들, 그런 애들이 항상 목표물이 되니까. 이건 정말 아니다 그런생각에 너무 불편했는데요. 그렇다고 해서 내가 나서서 말리지도못하고. 아웃사이더처럼 심리적으로 주변과 거리감을 두고, 집에서도 학교에서도 또래 사이에서도 그렇게 살았어요.

고등학교에 진학하기 전 중학교 3학년 때부터 내가 계속 학교를다닐 수 있을까라는 고민을 했죠. 부모님한테 학교 그만두겠다고했는데 허락을 안 해 줬어요. 부모님은 당연히 학교 다니길 바라셨죠. 하지만 고등학교 진학 후 학교에 대한 반감이 점점 더 심해졌어요. 내가 그 공간에 적응하기 힘든 사람이라는 걸 명확히 인정하게 되면서 학교로부터 마음이 완전히 멀어져 계속 밖으로만 돌았어요. 학교에 가는 대신 도서관이나 공원 산책을 다녔죠. 그렇게 계속 학교를 나가지 않으니까 어느 시점에 출석 일수가 모자랐던 거예요. 퇴학 처분을 받기 직전이 됐죠. 담임 권유로 퇴학은 면하자 해서 부모님의 동의하에 자퇴서를 냈어요. 부모님도 어쩔 수 없는 상황이 된 거죠.

한국에서는 학교를 다니지 않았거나 다니지 않겠다는 사람에게 대부분 이렇게 묻는다. "고등학교도 안 나오면, 대학 안 가면 너 뭘 할 건데?" 졸업장 없으면 무시당한다, 변변한 직장도 못 구한다, 결혼도 못한다. 이런 식으로 엄포를 놓고 걱정과 두려움을 심는다. 한마디로 이제 너는 이 사회에서 낙오자이자 패배자가 된다는 말이다. 주류에서 밀려나 비주류로 소외된다는 것이다.

학교는 사회 축소판이다. 한국 사회에서 초등학교에서 대학교로 이어지는 교육 과정은 이른바 '정상성'의 대열에 서는 것이다. 그래서 한국인 대부분은 이 과정을 너무나 당연하게 여긴다. 한 치의 의문도 품지 않는다. 그런데 경묵은 아무 미련 없이 중도에 이탈해 버린 것이다. 이는 한국 사회가 요구하고 인정하는 일반적인 기준과 범주에서 벗어나겠다는 의미다. 즉 이방인이 되겠다고 스스로 선언한 것이나 다를 바 없다.

세상에는 남보다 촉수가 예민한, 체질적으로 자유로운 정신을 소유한 사람들이 있다. 이들은 자신뿐 아니라 자신이 속한 세계를 끊임없이 살피고 관찰한다. 보이는 것 너머에 있는 것을 보기도 한다. 이미 주어진 정답보다는 자신만의 해답을 찾으려 애쓴다. 경묵도 그런 사람이다. 어린 시절부터 부당한 체벌과 차별, 획일적인 집단주의 문화에 극도로 반감을 품었던 그가, 학교라는 조직을, 더 나아가 군대라는 조직을 싫어한 것은, 그리하여 병역거부에 이르게 된 것은, 예정된 일이 아니었을까.

2001년 오태양 씨가 불교인으로 병역거부를 한 게 많이 화제가 되었어요. 그 전에는 주로 여호와의증인들이 병역거부를 했잖아요. 사실 이분들의 병역거부는 역사가 굉장히 오래됐죠. 2차 세계대전 중에 일본이 국가총동원법을 공포하고 조선인을 강제로 징용했는데 그때부터 여호와의증인들은 징병을 교리에 어긋난다는 이유로 거부했고, 해방 이후에도 꾸준히 거부하고 있어요. 그런데 여호와의증인이 아닌 사람으로서 사회적인 의미에서 병역을 거부한 경우는 오태양 씨가 처음일 텐데요. 그때 뉴스에서 보고 아, 이런 게 있구나 하고 알게 됐죠. 그렇다고 해서 내가 당장 할 수 있을 거라는 생각은 안 했어요. (군대 갈) 시기가 됐는데 그때까지 다른 대안이 없다면 병역거부를 염두에 둘 수는 있겠다 생각하는 계기는 되었던 거 같아요.

불교신자이자 평화주의자인 오태양 씨가 병역거부를 선언한 이래 종교적 신념이 아닌 이유 즉, 개인적 신념이나 가치관 또는 자신의 정체성을 이유로 병역을 거부하는 사람이 늘어나기 시작했다. 양심적 병역거부가 사회적 의제로 본격적으로 퍼져 나가게 되었다. 그러다 2007년 노무현 정부 때 대체복무를 허용하는 방안을 추진하겠다는 계획을 발표했다. 하지만 이명박 정부가 들어서면서 이 계획을 돌연 백지화해 버렸다. 2005년 국가인권위원회에서 대체복무제 도입을, 2008년에는 유엔인권이사회에서도 한국 정부에 병역거부권 인정을 권고한 바 있다. 국제 사회의 일원으로서 변화하는 시대적 조류를 받아들여 한국 정부가 드디어 대체복무제를 도입하는가 싶었는데, 이명박 정권이 들어서자마자 모든 것이 갑작스레 중단된 것이다. 그 후로 사회는 급속히 보수화, 우경화되었다. 그러자 이 문제를 기존과 다른 식으로 접근할 수 있는 프레임, 즉 공론화할 수 있는 기회 자체가 사라져 버렸다.

이명박 정부가 들어선 2008년 12월 24일 크리스마스이브에 기습적으로 발표를 했죠. 크리스마스 선물로 '빅 엿'을 주신 거죠. 휴전 중인 한반도 상황에서는 시기상조다, 국민 정서에 반한다는 이유로요. 그런데 유럽 몇몇 국가는 세계대전 중에도 병역이 개인의 양심에 우선할 수 없다며 평화주의자의 신념을 인정하고 대체복무제를 시행했어요. 대체복무제를 도입하면 병역에 상응하는 복무를 해야겠죠. 누구나 다 되는 것도 아니고. 심사를 거쳐야 하잖아요. 왜 군대에 갈 수 없는지 그 사유가 분명해야 되고요. 사회봉사, 간병인 같은 걸로 대체할 경우 현역 복무 기간의 두 배고, 월급도 전혀 없고.

한마디로 군 복무를 대신해 국가와 사회에 봉사하는 사람이 되어야 하는 거예요.

문득 이십 대 초반에 저지른 어리석고 마음 아픈 일이 떠올랐다. 그때 나는 대학을 졸업했었고, 사귀던 사람은 아직 대학생이었다. 입영하는 날 그는 입영하지 않았다. 누구처럼 종교적 이유나 확고한 신념이 있어서, 사회운동에 투신하기 위해서도 아니었다. 그저 사랑을 잃고 싶지 않아서였다. 이대로 사랑이 끝나 버릴까 봐, 우리가 만든 세계가 무너질까 봐 두려웠던 것이다.

우리 둘은 도망쳤다. 두 달여 동안 숨어 지냈다. 처음 한동안은 경찰이나 집에서 추적이라도 할까 봐 외출도 삼갔다. 길을 가다가 경찰만 보면 움찔하는 일이 잦았다. 후회해도 소용없는 엎질러진 물이었다.

그가 불현듯 해외로 도망가자는 말을 꺼냈다. 기가 막혔다. 여권도 없는 상태에서 어떻게 비행기를 탄다는 거니. 자신이 말해 놓고도 어이가 없었던지 그는 피식 웃었다. 그럼 배 타고 밀항을 할까. 군대 안 가도 되는 다른 나라로 가면 되잖아. 우리는 잠시 밀항에 성공한 이후 펼쳐질 찬란한 미래를 상상했다. 아름다운 꿈을 꿨다. 우리는 그렇게 아무도 들어주지 않고 만들어지지도 못할 영화 시나리오를 수십 편 넘게 썼다.

그렇지만 그도 나도 어렴풋이 느끼고 있었다. 이 시나리오가 어떻게 끝이 날지를. 이 결말이 해피엔딩이 아니라는 것을. 나는 속

절없이 슬펐다. 당시에는 대체복무제라는 개념조차 없었다. 숨어 지내는 것밖에 생각하지 못했던 우리의 낡고 비루한 상상력. 내가 사는 세계에 존재하지 않는 것을 상상하는 능력은 우리 능력 밖이었다. 우리가 꾸는 꿈도 결국 현실의 반영에 불과했다는 걸 그때는 몰랐다.

곧 불안에 쫓기는 나날이 시작되었다. 둘만이 있을 때는 시간이 멈춘 듯 행복했지만, 문 밖으로 나서면 현실은 가차 없이 냉혹했다. 나는 일을 할 수 있었지만 그는 불가능했다. 이력서를 쓰거나 신원 조회를 해야 하는 일은 전혀 할 수 없었다. 그는 발을 땅에 붙이지 않고 붕 뜬 상태로 살아가는 사람이 되었다. 수배자가 된다는 것은 미래를 유예한 채 평생 이름 없는 그림자로 살아야 한다는 것을 뜻했다. 우리는 점점 더 말을 잃어 갔다. 더는 꿈도 꾸지 않았다. 죽고 못 살 것 같던 사랑도 현실 앞에서 조금씩 부서져 내렸다. 우리는 재빨리 알아차렸다. 군대에 가지 않을 경우 어떻게 살아야 할지에 대해 둘 다 아는 게 하나도 없다는 것을. 대한민국에서 이 상태로는 그와 내게 미래가 없다는 사실을 말이다. 이렇게는 살 수 없었다. 그러므로 여기서 끝내야 한다는 것을. 그렇게 우리가 충동적으로 시작한 영화는 철없고 한심한 불장난이란 엔딩으로 막을 내렸다. 온 집안을 발칵 뒤집어 놓았던 그의 잠적은 쉬쉬하며 사람들의 기억 저편으로 봉인되었고, 감옥행을 면한 그는 다시 군대로 '끌려' 갔다. 그리고 우리 관계도 끝났다.

고작 사랑 때문에 군대에 가지 않으려 하다니. 누구는 어처구니

없다고, 바보 같다고, 한심하다고 비난할지 모른다. 하지만 사랑보다 군대가 더 대단하지 않다. 사랑보다 전쟁이 더 위대하지 않다. 누구는 사랑 때문에 군대에 가고 싶지 않고, 누구는 이별 때문에 기어이 탈영을 한다. 사랑에 목숨을 걸 수는 있어도 군대에 목숨 걸 사람은 없다는 뜻이다. 모든 남자가 군대에 가야 한다는 것이 모든 남자가 군대에 가고 싶다는 뜻은 결코 아니리라. 군대에 가지 않겠다는 것이 군대 대신 감옥에 가고 싶다는 것 또한 아닐 것이다. 우리에게 어떤 선택 사항도 상상력도 없었던 그때 만일 대체복무제라는 것이 있었다면, 그는 과연 어떤 선택을 했을까. 만일 대한민국이 다른 나라처럼 모병제 사회였다면 우리가 도망칠 필요가, 그토록 갈등과 절망에 휩싸일 까닭이 있었을까.

병역거부를 하겠다고 했을 때 주변에서 다른 방법을 찾아보라는 말을 많이 들었죠. 산업기능요원이나 해외 봉사 하는 거 그런 거 알아보라고. 사실 그게 대체복무랑 같아요. 공익근무요원도 비슷한 거거든요. 자기가 군대와 맞지 않다고 생각하는 사람들이라면 충분히 사용할 수 있는 제도라고 생각하지만, 한국에서는 이것도 특정 몇몇에게만 돌아가는 제도적 특혜가 되어 버린 거잖아요.

이런 방식을 선택한다는 그 자체가 내 자신에게 당당하다는 느낌을 주지 않았어요. 뭔가 피해 가는 느낌이 싫었어요. 옳지 않은 제도 때문에 날 포함해 모든 사람이 힘들고 괴로워하는데 혼자 빠져나갈 수 있는 구멍만 찾는 거 같고. 그래서 당당히 선택하고 그 대가를 치르고 나오자, 문제를 회피하기보다 정면으로 맞서자고 결론을 내렸어요. 병역거부를 선언하는 건 부당한 징병제에 대해 당당히 이야기할 수 있는 기회를 얻는다는 의미니까. 그건 개인적 차원을 넘어서는 사회적인 의미가 분명 있으니까. 나한테 발언할 기회가 주어지고 누군가는 그걸 들을 수 있으니까. 이런 이야기를 할 사람이 반드시 필요한 거고. 그렇다면 나는 그쪽으로 가는 게 더 맞다는 생각이 들었어요.

경묵은 피해 가고 싶지 않았다고 했다. 그리고 이 말을 덧붙였다. 자신은 정치적 신념이 굳건한 투사나 불의에 맞서는 용기 있는 사람이 아니라고. 그저 군사주의 문화와 폭력에 대한 반감과 두려움을 가진 사람일 뿐이라고 말이다. 그걸 버틸 자신이 없다고도 했다. 그건 순전히 자신의 성격 탓이란다. 만일 군대에 갔다면 자신은 관심사병이 되었으리라며 그는 헛헛하게 웃었다.

군대도 감옥도
'자아'를 지운다

〈죽음을 부르는 군대를 거부한다〉. 그가 법정에 남긴 병역거부 소견서 제목이다. 나는 소견서 한 구절을 떠올렸다.

사회 정의의 기틀은 언제나 작은 개인들의 두려움을 넘어선 용기 있는 행동에서부터 출발했다. 전쟁과 군대를 거부한 이들 역시 모든 역사 속에서 항상 존재해 왔고 또 그만큼 변화를 가져왔다.

나약한 개인이 혼자서 집단에 조직에 폭력에 맞서기는 너무도 어렵다. 그러나 그가 두려움을 넘어서 두려움의 실체와 대면하기로 용기를 낼 때 그 작은 용기는 바로 거대한 변화를 일으키는 첫걸음이 된다. 변화는 멀리서 거창하게 시작되는 것이 아니다. 미약한 작은 물방울이 모여 강을 이루고 바다로 향하는 것이다. 결국 경묵은 병역을 지거나 아니면 징역을 살아야 하는 선택 사항밖에 없는 한국에서 군대 대신 감옥을 선택했다. 그는 에둘러 돌아가기보다 꿰뚫어 관통하는 삶을 선택했다.

감옥이 군대랑 비슷하거든요. 군대는 타국의 침략으로부터 국가를 방어하는 것이고, 감옥의 목적은 죄인을 교정, 교화하는 거죠. 실질적인 목적은 다르지만 둘 다 체제나 문화가 비슷해요. 외부 세계와 철저히 차단된 상태에서 절대적인 권력을 쥔 사람의 명령에 따라야 하는 시스템이자 군사주의 문화가 일상화된 공간이죠. 누군가의 감시 아래 24시간 타인과 같이 있어야 한다는 것도 똑같고요.
군대나 감옥에서 제일 견디기 힘든 사람이 자의식이 있는 사람들이에요. 스스로 생각하는 사람, 자의식이 확고한 사람은 체제가 강요하는 걸 아무리 믿으라고 해도 믿을 수 없고 따를 수가 없어요. 하

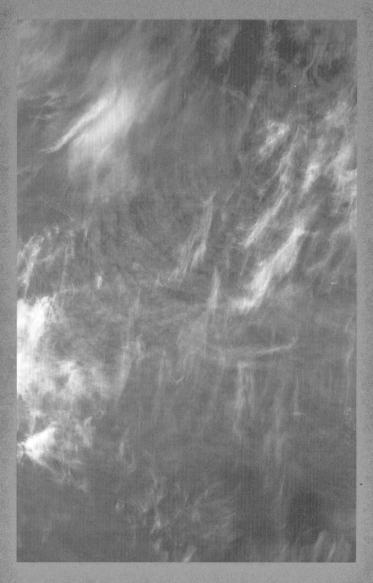

사회 정의의 기틀은 언제나 작은 개인들의
두려움을 넘어선 용기 있는 행동에서부터 출발했다.
전쟁과 군대를 거부한 이들 역시 모든 역사 속에서
항상 존재해 왔고 또 그만큼 변화를 가져왔다.

지만 군대는 내가 아니라 집단이 규율이 제일 중요한 곳인데 그러니 어떻게 살아남을 수 있겠어요. 집이라면 가출, 학교라면 자퇴, 회사라면 퇴사라도 할 수 있지만 군대나 감옥에선 그럴 수 없잖아요.

군필 대신 전과자라는 딱지를 평생 달게 된 경묵은 군대나 감옥이나 본질적으로는 하나도 다르지 않다고 담담히 말한다. 그 순간 나는 가슴이 답답해졌다. 국가가 군 복무냐 징역살이냐는 이분법적인 선택을 국민이라는 미명하에 개인에게 폭력적으로 강요하고 있는 것 아닌가. 이런 국가폭력을 많은 이가 당연하게 받아들이고 있고 말이다.

군대가 개인에게 주입시키는 가장 치명적인 건 개인적 자아를 지워버리라고 한다는 거예요. 사람마다 가치관, 개성, 습관 다 다른데 그걸 전부 동질적으로 바꿔 버려요. 군대가 원하는 건 조직과 자신을 완벽히 동일시하는 인간, 크게 보면 국가와 자신을 동일시하는 인간이에요. 북한의 매스게임 같은 거죠. 보기에는 멋있다고 말할 수도 있겠지만 그건 전체주의적인 열정인 거죠. 한국은 나는 없고 오직 타자들로만 구성된 사회예요. 한마디로 개인이 전부 사라진 사회인 거죠. 여기에 자기는 없고 오직 집단만 있잖아요. 자길 대변하는 군대가 있고 대통령이 있고 국가가 있고. 어디에도 자기는 없잖아요. 그중에서 군대야말로 절대적 타자인 조직의 시선에 따라 내가 결정되는 사회인 거죠.

나로부터 시작해서 개인들이 모이고 그게 커져서 전체 공동체에 대한 애정이나 책임으로 가야 하는데, 정작 나는 없고 조직만 있고 내가 없는 집단만 있고 내가 없는 공동체만 있고 내가 없는 국가만 있는 격이죠. 사실상 한국 사회는 전반적으로 다 군대 체제예요. 군대 시스템 아닌 곳이 없어요. 가정부터 시작해서 학교, 회사, 조직 전부 다.

왜라고 묻지 않는 인간, 명령에 절대 복종하는 인간을 만들기에 군대만큼 효율적인 조직은 없다. 전시와 전투라는 상황에서는 이런 인간형이 필요할 것이다. 알다시피 군대는 전쟁이나 전투라는 특수한 상황을 위해 만들어진 조직이다. 일반적인 사회 집단이나 조직 체제가 아니다. 따라서 특수 조직 문화는 그 안에서만 적용되어야 한다. 그런데 한국 사회의 가장 큰 문제는 군사 문화가 사회 곳곳에 퍼져 있다는 것이다. 가정, 학교, 회사, 단체 등 어디에나 영향을 미치고 일반적인 '관례'라는 이름을 달고 상식처럼 통용된다. 한마디로 비상식적인 사회다.

공포 사회를
기획하는 자들

군대 내 폭력으로 사망, 자살하거나 의문사를 당하는 사병에 대한 뉴스가 끊이지 않는다. 고질적인 군대 내 폭력은 내무반에 CCTV 카메라를 설치하고 사병들에게 핸드폰을 쥐여 준다고 해서 해결될 일이 결코 아니다. 자유로운 환경에서 자의식을 키우며 자란 개성이 다른 사람들을 일방적으로 군대라는 한 공간에 집어넣고 매뉴얼대로 복종하라고 강요한 데서 문제가 비롯되었기 때문이다. 입대를 원하지 않는 사람들, 군 복무에 대한 동기 부여가 전혀 없는 사람들, 본질적으로 군대에 맞지 않는 사람들을 모두 군대로 보내려는 데서 문제는 싹튼다. 이런 본질적인 문제를 해결하지 않고는 답이 없는 것이다.

지금이 정말 군인 머릿수로 전쟁하는 시대도 아니잖아요? 이걸 모르는 사람이 어디 있어요? 징병제를 찬성하는 사람조차 다 알걸요. 군대를 그렇게 사랑하면 북한식 체제로 가든지. 전 인민의 군대화. 사회 전체를 아예 군대로 만들고 북한처럼 가장 높은 권력을 군인한테 주면 되잖아요?

대한민국은 북한과 적대적인 공존 관계예요. 북한이 없으면 남한도 없고, 북한이 없으면 극우 보수도 새누리당(자유한국당으로 개명)도 없는 거죠. 군대는 외부의 적을 상정하기 때문에, 외부의 위협을 가정해야 존재 의미가 있는 건데요. 그렇게 볼 때 한국은 위협과 공포를 통해 유지되는 거죠. 불안감을 계속 조성해서 국민 개개인 목소리가 사라지길 바라는 거니까. 기득권이 힘을 가지려면 언제나 외부에 위협 세력이 있어야 하고 그 시스템을 유지하기 위해 군대는 최적의 교육소인 거죠. 한국에서 군대는 하나의 시스템이고 문화고 주류 제도죠. 군 복무는 그냥 이행해야 하는 의무일 뿐이죠. 정말 애국심이 있어서, 나라를 지키려고, 북한의 침입을 막으려고 가진 않잖아요.

극우 보수 정권에게 군대가 얼마나 유용한 조직이에요? 징병제라는 게 애국심을 고취시키고 상명하복 문화, 전체주의 시스템을 유지하는 데 유용하잖아요. 학교에서 배운 걸 군대에서 정교하게 체계화하고, 그걸 사회생활에서 회사에서도 똑같이 적용하고. 기득권 입장에서는 이 체제가 유지되는 게 좋겠죠. 그러니까 보수 정권이 들어서자마자 바로 대체복무제 도입을 취소한 거죠. 군대라는 아우라, 군사주의를 한국 사회에서 제거하고 싶지 않은 사람들이니까요.

사실 대한민국도 처음부터 징병제 국가는 아니었다. 해방 직후엔 모병제(자원한 직업군인들로 군대를 유지하는 병역 제도)였다. 그런데 이후 한국전쟁이 발발하면서 국민을 강제로 징병하게 되었고, 지금까지 휴전 상태라는 명분으로, 한반도 안보를 이유로 유지되고 있는 것이다. 언제나 그렇듯 북한의 위협, 즉 북한이라는 존재 때문에 징병제가 필요하고 병역의 의무는 곧 나라를 지키는 일이라는 이데올로기가 끊임없이 재생산되고 교육된다. 이는 북한도 대동소이하다. 남북이 서로를 위협적인 존재로 상정하고 자국 국민에게 병역을 강제하는 등 개인을 철저히 억압하고 있다.

전 세계적으로 징병제는 폐지되고 있는 추세다. 현재 18개월 이상 징병제를 채택하고 있는 대표적인 나라가 한국, 북한, 몽골, 캄보디아, 이란, 이스라엘 등이다. 중국은 징병제를 표방하지만 실제로는 모병제다. OECD 가입국 대부분은 모병제를 실시하거나 대체복무를 인정한다. 과거 징병제를 실시했던 독일도 모병제로 전환했고, 대만·터키·러시아도 모병제로 전환할 예정이라고 한다. 영국도 모병제가 원칙이지만 왕실과 왕실에 속한 소수의 귀족들에 한해서만 장교의 신분으로 징집된다. 그리스는 군 복무 기간이 고작 9개월이고, 대체복무를 할 경우엔 17개월이다. 그것도 35세 이상 미필자는 일정 금액의 세금을 내면 면제받을 수 있다. 스위스는 입대 방식이 아니라 신병이 18~21주간 훈련을 받는다. 이후 매년 19일씩 6번 소집되어 군 복무를 한다. 이렇게 하면 총 군복무 기간이 260일 정도다. 이처럼 지금은 완전 모병제 또는 징병제와 대체복무제의 혼용 또는 제3의 다른 방식으로 군 문제를 해결하려고 하고 있다.

다른 나라들과 비교해 볼 때 사실상 전 국민이 군인인 북한과 한국은 단연 최악이다. 한국은 OECD 가입국이면서도 병역 제도만은 개발도상국이나 권위주의 독재국가 수준이라는 걸 알 수 있다. 더욱이 병사 월급도 세계 최하위 수준이다. 2015년 현재 한국 상병이 17만 원 정도를 받을 때 싱가포르 상병은 49만 원선, 이스라엘 전투병은 31만 원선을 받았다.

이런 세계적인 흐름에도 한국 정부는 양심적 병역거부자들에게

초지일관 징역형을 내렸다. 양심의 자유를 지키게 해 달라는 목소리를 외면해 왔다. 항소해 무죄가 나온다 할지라도 상고에서 다시 유죄로 확정된다. 단 한번도 예외는 없었다. 대체복무제 도입은 시기상조, 국민 정서에 위배된다는 논리 역시 여전히 변함이 없다. 행여 모병제라도 언급하면 북한의 존재를 도외시한 포퓰리즘이라며 공격하기 일쑤다. 현실이 이렇다 보니 징병제에 대해 의문을 품는 사람은 이상하고, 불온한 사람 취급을 받는다. 이 나라에서 다른 상상력이란 존재하지 않는다.

군사주의와 성소수자는 공존할 수 없다

한국 사회에서 병역거부는 거의 '죄악'에 가깝다. 그런 만큼 가혹한 혐오의 대상이 된다. 다른 혐오에 비해 더하면 더했지 결코 덜하진 않는다. 종교적인 이유도 뭣도 없으면서 사지 멀쩡한 건강한 성인 남성이 병역을 거부한다는 것에 대해 사람들은 극도로 반감을 드러낸다. 그래서 이들을 병역'거부자'가 아니라 병역'기피자'로 낙인찍는다. 신성한(?) 국방의 의무를 저버리면 대한민국 국민도 남자도 아니다. 북한이 버젓이 있는데 군대를 안 가면 이 나라는 누가 지키냐? 전쟁 나면 가족이고 뭐고 다 버리고 제 살 궁리만 할 자식들이다. 병역거부라는 그럴듯한 말로 군대를 기피하는 비겁한 놈들은 전부 죽일 놈들이다 등등.

그런데 한국인들이 철석같이 믿고 있는 이데올로기 "남자는 모름지기 군대를 다녀와야 남자가 된다"는 말을 신봉하면 모병제 국가에서 군대에 안 간 남자들은 전부 남자가 아닌 거다. 총을 드는 대신 대체복무를 한 OECD 가입국 대부분 남자도 마찬가지다.

과거에는 군대에 대한 인식이 지금과는 많이 달랐죠. 부모 세대에서는 군대를 다녀와야 사람 된다는 생각이 당연했고요. 해방 이후 한국 근현대사를 보면 군대 가서 계급이 상승되는 경우가 많았잖아요. 돈 없는 가난한 사람도 군대 가면 교육받을 기회를 얻고 경제적으로도 안정되고 사회적 지위도 얻을 수 있었고. 일종의 사회적 시민권을 얻는 셈인 거죠. 게다가 사람들 시선이 군필자는 나라를 지킨 사람으로 보고요. 60~70년대만 해도 군대를 통해서 계층 이동이 가능했죠. '군대 갔다 오면 사람 된다'는 의미는 인격적인 것뿐만 아니고 사회적인 측면에서도 대접받는 인간이 될 수 있다는 것을 의미했다고 봐요.

모병제인 미국에서도 대부분 경제적인 이유로, 사회적 지위를 얻기 위해 자원해요. 그렇다 보니 입대하는 사람 대부분이 이민자나 흑인 등 가난한 계층이에요. 과거 한국도 군필자가 누릴 수 있는 사회적 기득권 때문에 많은 청년이 직업군인이 된 거죠. 게다가 부모 세대는 군사정권 시대에 살아서 군대 즉 군인을 신성시하는, 군인에 대한 신화를 갖고 있었고요.

군사독재정권이 맹위를 떨친 한국 사회에서 군 복무는 마치 남자가 되는 통과의례, 즉 남성성을 획득하는 중요한 사회화 과정으로 여겨졌다. '군필'은 일등 시민권뿐 아니라 남자로서 가장으로서 국민으로서 군림하며 살아갈 수 있는 기득권을 보장하는 것이었기 때문이다. 반면에 군대를 가지 않는 여자는 결혼하는 순간 남자의 소유물이 되어 자동적으로 자기 권리를 박탈당한 채 살아야 했다. 헌법상으로 모든 국민은 국방의 의무를 지지만 가부장제 사회에서는 그 '모든'에서 여성은 자신의 의사와 무관하게 애초부터 병역에서 제외된다. 이는 여성을 남성의 소유물이나 부속물로 간주하는 것이자 사실상 동등한 국민에서 배제하는 것이다. 가부장제 사회가 흔히 내세우는 여성을 보호하기 위해서가 아니다.

제가 어떤 나라가 군사주의가 강한지를 분석해 본 적이 있는데요. 2016년 미국에서 동성결혼을 합법화했잖아요. 그때 관련 기사에 전 세계에서 동성결혼 합법화한 국가 분포가 나왔었어요. 징병제 국가 또는 군사주의가 강한 나라들에선 동성결혼을 합법화한 나라가 하나도 없어요. 반대로 동성결혼을 합법화한 나라는 모병제이거나 군사주의 문화가 없는 편이에요. 그런데 아시아 국가 중에서는 동성결혼을 합법화한 나라가 하나도 없더라고요. 군사주의가 강하다는 반증이죠. 이 말은 동성결혼이 합법화되지 않은 나라에서 군사주의와 성소수자는 결코 공존할 수 없다는 걸 의미해요.

동성결혼 합법화 여부가 그 사회가 어떤 사회인지 알아보는 지표가 된다는 말이 의미심장하다. 가부장제가 강한 사회는 여성을 남성의 소유물로 간주해 열등한 존재로 차별하며, 성소수자는 남성과 여성이라는 고정된 성역할을 교란하는 동시에 노동 인력을 재생산하지 않는 불온한 존재로 인식해 혐오한다.

군대 문제는 성정체성 문제와도 깊이 연결돼 있다. 한국 사회가 요구하는 남성으로 개조되고, 정체성이 주입되는 곳이 바로 군대다. 군대는 이성애자 정체성을 확고히 할 방편으로 다른 성정체성에 대한 혐오를 조장한다. 남자들끼리만 있는 세계에서 여성이나 이성애자가 아닌 사람, 즉 성소수자를 배제하고 차별하는 방식을 통해 남성성을 강화한다. 이에 동참하고 싶지 않은 남자도 있겠지만 군대 내에서는 거부할 방법이 거의 없다. 그것이 군대의 주류 문화니까, 주류가 곧 정상성을 의미하니까 거기 참여하지 않으면 곧바로 비정상으로 낙인찍혀 조롱과 모욕, 처벌의 대상이 된다. 이처럼 극단적인 방식으로 군대에서 '남성'이라는 정체성을 내면화한 남자들은 항상 여성을 과도하게 대상화하고, 노골적으로 소수자를 혐오하며 분열하는 것이다.

대한민국 남자들이 술자리에서 주로 하는 이야기가 있다. 군대 얘기와 여자를 대상으로 하는 음담패설. 여자만 있으면 군대 얘기를 하는 남자가 많다. 그런데 아이러니하게도 여자들이 남자들에게서 가장 듣기 싫어하는 말이 군대 얘기다. 내 기억 속에도 여자 앞에서 잘난 척하듯 군대 얘기를 늘어놓았던 남자들이 있다. 그들은 현역으로 제대한 것을 내세워 방위로 제대하거나 군 면제를 받은 다른 남성을 깔보고 조롱거리로 삼곤 했다. 군대를 가지 않는 여성들은 하찮은 물건처럼 취급했고 말이다. 하지만 나는 그들 눈빛에서 군대를 갔다 오지 않은 남자에 대한 멸시와 함께 '질시'도 읽었다.

저는 남자들이 느끼는 억울함이라든지 박탈감을 자신이 인정하는 게 가장 중요하다고 봐요. 뭔가 옳지 않고 잘못되었다고 감정적으로 느끼고 있다는 사실을 스스로 받아들이고 또한 주변에서 그 이야기를 진심으로 들어주고 공감하기 위해 노력해야 한다고 생각해요. 그들이 느끼는 박탈감이 전혀 근거 없는 것은 아니니까요.

군필자들은 난 군대를 다녀왔다는 우월감이 있잖아요. 그런데 스스로 자부심을 느끼는 자존감과 달리 우월감이란 반드시 비교 대상이 있어야만 느낄 수 있거든요. 비교 대상이 있어야 한다는 게 전제기 때문에 우월감은 사실 열등감과 한 쌍을 이룬다고 볼 수 있어요. 여성들을 공격하는 것도 실은 우월감과 열등감 사이에서 갈등하기 때문에 자기보다 약한 희생양이 필요해서죠. 군필자로서 우월감을 느끼기 위해 자기보다 약한 희생양을 억누르고 공격하는 건데, 그 욕망의 바닥에는 군대를 다녀온 것에 대한 박탈감과 열등감이 있어요. 그래서 자기보다 약한 대상을 볼모로 삼아서 사회적 인정투쟁을 벌여 마음의 빈 구석을 채우려는 거라고 봐요.

한국 사회에서 병역을 둘러싼 문제는 너무도 복합적이다. 군필자 남성들에게 병역은 절대 훼손되어서는 안 되는 신성불가침한 조약과 같다. 나라를 위해 고귀하게 희생한 증표인 동시에 대한민국 남자라는 자부심의 근원이기도 하다. 왜냐하면 자신은 폭압적인 군대에서 고통과 굴욕을 견뎌 내며 나라를 위해(?) 그토록 긴 시간을 희생했기 때문이다. 그러므로 군대에 대한 비판과 병역거부는 곧 군 생활을 참고 견딘 자신을 비하하는 것이자 모욕하는 것이다. 그렇기 때문에 자신처럼 군대를 경험하지 않은 자들은 남녀를 불문하고 결코 인정할 수도 존중할 수도 없다. 특히 병역거부자는 분노와 적대감을 불러일으키는 대상이다. 그러나 병역거부자를 비롯해 사회적 약자들을 공격하고 혐오한다고 해서 군필자들이 느끼는 박탈감과 억울함이 해소되는 건 아니다. 병역 문제를 해결할 근본 방안을 찾는 궤도에서 한참 벗어날 뿐이다.

지금은 형식적으로나마 양성평등을 이야기하는 사회가 되었잖아요. 아버지 세대에서는 가사노동과 육아를 여성 혼자 담당하는 걸 당연시했지만 이제는 거기에 동의하는 사회도 아니죠. 군가산점제와 같이 근래에 군대를 다녀온 이들의 인정투쟁이 시작된 건 군 복무를 마쳐도 이전처럼 가부장적 권위를 누릴 수 없는 시대가 되었기 때문일 거라 생각해요. 지금처럼 극단적인 신자유주의 시대에서는 개개인이 오직 자기 경쟁력으로 먹고살아야 하니까. 그래서 군대 가는 거 자체가 손해라고 생각하는 젊은이가 상당수고. 그냥 선택의 여지가 없으니까 억지로 가는 거죠. 그렇다 보니 남자들이 군대 갔다 오는 걸 억울해하는 사회가 된 거 같아요.

사실 병역은 한쪽 성에게만 주어지기 때문에 옳지 않은 제도이긴 해요. 문제는 자기가 부당하게 군대에서 허비한 시간과 손해, 억울함을 보상받고 싶은데, 그렇게 못하는 걸 여성 탓으로 돌린다는 거예요. 남/녀 성 대결 구도로 몰아간다는 건데요. 그 원인을 왜 여성에게 돌리는가. 그건 잘못되었다는 거죠. 병역을 강요한 건 국가인데 그 제도와 전혀 상관없는 여성들에게, 그러니까 자신들보다 더 약자인 사람들을 공격하는 거잖아요. 군대 때문에 여성들이 누리고 있는 게 하나도 없는데도 말이죠. 군대가 유지된다고 해서 여성들이 살기 좋은 사회가 되는 것도 아니거든요. 오히려 여성들은 군사주의 문화 때문에 피해자가 될 뿐 가해자가 아닌데 말이죠. 그런데 계속 여성을 공격하고 여성 탓으로 돌리는 거예요.

군대를 갔다 온 사람은 자기 시간을 박탈당한 게 맞고, 이에 대한 정당한 물질적, 정신적 보상이 필요해요. 하지만 여성들도 한국의 군사주의 문화와 가부장제의 피해자잖아요. 그러니까 이건 남성이 여성을 공격해야 할 문제도 아니고, 여성이 박탈당하고 배제당한 자기 권리를 찾으러 남자처럼 군대를 가야 하는 문제도 아녜요. 그들의 분노가 향해야 할 방향은 이 병역 제도로부터 이득을 얻고 있는 국가와 기득권층이죠.

이 지점에서 짚고 넘어가야 할 것이 있다. 우리는 알고 있다. 병

역이 누구에게나 공평무사하게 적용되지 않는다는 것을. 돈깨나 있는 집이나 정치인과 관료의 자식 등 사회 기득권층은 신성한(?) 국방의 의무에서 빠져나가려고 뒷거래를 하고 있다는 사실을 말이다. 금수저 부모의 백이 없는, 평범하고 가난한 노동자의 자식들이 군 복무를 주로 한다는 건 주지의 사실이다. 그래서 "면제는 신의 아들, 방위는 장군의 아들, 현역은 어둠의 자식들"이란 뼈 있는 농담이 생겨난 것이 아닌가.

남자들은 상처받을 필요가 있다

양심적 병역거부자들은 군대 없는 세상, 징병제 없는 세상, 징병제가 아닌 다른 상상력이 있는 세상을 앞서 꿈꾼 이들이다. 그들은 모두 나와 같은 평범한 사람들이다. 이들이 여전히 수감되고 있다는 것은 한국에 일상적 민주주의가 아직 도래하지 못했다는 것을 증명한다.

어떻게 보면 저는 사회적 타자로 살아온 경험이 많은 편인 것 같아요. 학교라는 틀에도 맞지 않았고 정형화된 젠더나 섹슈얼리티에도 맞지 않고 거기다 자퇴하고 대학도 안 가고 영화 일을 하면서 여전히 사회에서 비주류로 살고 있고요. 병역거부자로 빨간 줄 간 사람

저는 타자가 되는 경험은
결국 상처를 받아 보는 일이라고 생각해요.
그 상처를 통해 자기라고 믿었던 견고한 틀에,
고정된 정체성에 균열이 생기는 거죠.

도 됐고요.(웃음)

　저는 타자가 되는 경험은 결국 상처를 받아 보는 일이라고 생각해요. 그 상처를 통해 자기라고 믿었던 견고한 틀에, 고정된 정체성에 균열이 생기는 거죠. 그 균열을 통해 자기 밖으로 외부 세계로 나갈 수 있는 기회, 세계를 바깥에서 볼 수 있는 창문을 하나 가지게 되고요. 상처에 함몰되면 자기 삶이 무너지겠지만 그 상처를 통해 더 많이 배울 수 있는 세계가 밖에 있다는 걸 깨닫는 계기가 될 수 있다는 의미에서. 저는 자신을 타자화해 보는 거, 타자가 되어 보는 경험이 정말 소중하다고 봐요.

　그런데 특히 한국의 비장애인 - 이성애자 남성들 같은 경우는 본인 스스로 타자화하는 것에 익숙하지 않아요. 그건 이성애자 남성을 보편적 인간으로 삼고 있는 교육과 사회 전반적인 제도의 문제겠죠. 지금 한국은 과도기에 있다고 봐요. 군사독재정권 시절에는 나나 시민은 중요하지 않고, 기득권 수뇌부 명령에 따르는 사회였잖아요. 그런데 지금은 조금씩 변하고 있는 게 아닐까요? 여성들이 스스로 목소리를 내면서부터 한번도 자기를 의심해 본 적이 없는 남성들, 자신을 진보적이라고 생각했던 남성들조차 이제는 자신을 의심해 보기 시작했잖아요. 지금이 여성들을 포함한 사회적 소수자들의 목소리가 깨어나고 있는 시점이 아닐까요?

　경묵의 말처럼 한국 남성 대다수는 스스로 타자가 되어 본 경험이 거의 없다. 그래서 자신에 대한 비판을 인정하기도 수용하기도 힘들어한다. 자신을 객관화한 경험이 거의 없기 때문이다. 그들은 자신이 기준이 되는 삶이나 자신을 버리고 집단에 일치시키는 경험을 주로 했을 뿐이다.

타자가 되어 본다는 것은 자기중심의 일차원적인 자아에서 벗어나 자아를 확장시키는 경험이다. 자아의 확장은 시선의 확정으로 시선의 확장은 세계의 확장으로 이어져, 나와 다른 타자의 삶에까지 가 닿는다. 이 과정을 통해 이전까지는 전혀 보지 못했던 타자들을 발견하고 새롭게 볼 수 있게 된다. 타자를 그의 처지에서 보고 그와 만날 힘을 얻게 된다. 타자가 되어 보는 경험이 중요한 이유다. 이렇게 본다면 양심적 병역거부는 남성우월주의와 군사주의 문화가 지배적인 한국 사회에서 가장 강력한 타자화 경험이 아닐까 싶다.

올해도 군대에 가지 않겠다는 신념 때문에 감옥으로 향하는 청년들이 있을 것이다. 국가에 묻고 싶다. 왜 오직 하나의 병역 방식만 고집하는지, 현재의 징병제가 아닌 다른 것을 상상했다는 이유로 징역살이를 하는 것이 정당하냐고 말이다. 우리는 지금보다 더 '개인'이 존중받는 세상에서 살고 싶기 때문이다.

김경묵

독립영화 감독. 〈나와 인형놀이〉(2004)를 시작으로 〈얼굴 없는 것들〉(2005), 〈청계천의 개〉(2009), 〈SEX/LESS〉(2009), 〈줄탁동시〉(2011), 〈이것이 우리의 끝이다〉(2013) 등을 찍었다. 그는 영화를 학교에서 배운 적이 없다. 제도권 밖에서 자신을 표현하고 발언할 매체로 '영화'라는 도구를 스스로 찾아냈다. 아마도 이것이 그의 영화들이 도발적이고 자유로운 이유일 것이다.

경묵의 영화들은 남성/여성, 동성애/이성애, 정상/비정상 사이를 오간다. 초기작들에서는 한국 사회의 성별, 젠더와 섹슈얼리티 문제에 주목했고, 이후에는 탈북민, 이주노동자, 성노동자, 청년 세대 등 다양한 사회적 약자의 이야기를 다루고 있다. 그의 말에 따르면 "아무래도 나부터가 사회적 약자인 데다 소위 주류에 속하지 않는 사람들과 자주 만나고 그들 삶에 익숙한 탓에" 자연스레 그런 영화들을 만들게 되었다고 한다.

하지만 그는 존재하지 않는 허구에서 이야기를 길어 올리지는 않는다. 자신이 세상과 갈등하면서 알게 되었거나, 자신의 고민이 녹아든, 그러니까 자신이 살고 있는 세계가 반영된 이야기를 찍는다. 경묵이 만든 영화 제목이기도 한 〈줄탁동시(啐啄同時)〉란 한자성어는 "병아리가 알에서 나오기 위해서는 새끼와 어미닭이 안팎에서 서로 쪼아야 한다"는 뜻이다. 이 말을 경묵에게 적용한다면 그는 당차게 홀로 알을 깨고 세상 밖으로 나온 아름다운 새다. 스스로 비주류의 삶을 선택한 그는 지금껏 자신의 삶을 증명하는 영화를 만들어 세상과 소통해 왔다. 앞으로도 그는 자신과 연결된 세계를 응시하는 일을 게을리하지 않을 것이다.

5장.
처음은
성소수자겠지만,
마지막은
누가 될지
모른다

— 이영 감독

가끔 광화문에 나갈 일이 있다. 그때마다 광화문 한복판에서 확성기를 켜고 오가는 시민들을 향해 시끄럽게 떠드는 사람들과 마주치게 된다. "동성애는 죄악이다"는 말이 곧장 귀에 꽂힌다. 이들이 내건 현수막이나 팻말에는 이런 말도 적혀 있다. "종북 동성애 김정은 반대 예수 천국 애국 할렐루야." 도대체 무슨 맥락인지 알 수 없는 말들이 이어진다.

이들 모습에 돌아가신 아버지 모습이 겹쳤다. 아버지는 민주화 투쟁을 하는 사람들을 모조리 잡아다가 북한으로 보내 버려야 한다며 열불을 내던 보수 반공주의자였다. 당신처럼 평범하고 가난한 사람들, 몸 하나로 먹고사는 노동자들을 지지하기는커녕 나랏일에 반대하는 것들에게는 본때를 보여 줘야 한다며 공권력 탄압을 옹호했다.

이런 해괴한 논리가 우리 사회에서 여전히 힘을 발휘한다는 사실이 나는 무섭다. 그들은 자신이 전체주의자라는 사실을 알고나 있을까. 처음에는 그런 혐오 발언이 너무 저열하고 한마디로 후지기(!) 때문에 대꾸할 가치조차 없다고 생각했다. 상대하지 않으면 다들 제풀에 조용해질 거라고, 혐오 발언을 하는 사람들이 사회적 지탄을 받으리라 믿었다. 순진하고 안일한 생각이었다.

2012년에 영화(《불온한 당신》) 기획 당시 보수 정권이 집권하면서 점점 더 공공연하게 종북몰이가 시작되었는데요. 사회 비판적인 목소리를 내는 사람들, 정부에 비판적인 이야기를 하는 사람들과 단체들을 종북으로 몰아갔어요. 심지어는 성소수자들을 향해 '종북게이'라는 신조어가 등장했고요. 이렇게 공포와 적대를 이용한 증오의 정치가 등장하게 되면, 위험에 처하거나 손쉬운 공격의 대상이 되는 것은 사회적 약자들이에요. 저 역시 성소수자 당사자로서 염려스러웠고, 이 종북몰이가 어디로 향해 가는지 지켜봐야겠다고 생각했어요. 성소수자에게 향했던 혐오 공격은 세월호 유가족에게로, 평범한 시민들에게로 퍼져 갔는데 이런 상황이 되면 어느 특정한 대상이 아니라 한국 사회에서 살아가는 우리 모두가 '혐오'라는 사회적 공기를 마시면서 살아갈 수밖에 없는 거지요. 이제 혐오가 우리를 둘러싼 환경이 되어 버린 겁니다.

이영 감독은 착잡한 표정으로 말문을 열었다.
여성영상집단 움(WOM) 사무실에서 이영 감독을 만났다. 3년이라는 제작 기간을 거쳐 이영은 〈불온한 당신〉이라는 다큐멘터리를 완성했다. 이 다큐멘터리는 최근 우리 사회에서 불거지고 있는 성소수자 혐오 공격을 들여다보고 혐오를 조장하는 집단을 집요하게 추적, 탐구한다. 카메라에 비친 혐오 세력은 한마디로 광기 그 자체다. 퀴어 축제에 난입해 길바닥에 드러눕는 등 막무가내로 난동을 부리며 소수자를 향해 직접적인 혐오 공격을 서슴지 않는다. 그런 그들을 평정심을 유지한 채 지켜보기란 무척 힘들다. 영화를 본 관객 대부분은 영화가 끝나고도 한참을 멍하니 앉아 있다. 훌쩍이는 사람, 크게 한숨을 내쉬는 사람 등 다들 충격에 휩싸인 표정이다. 이것이 환한 대낮 대한민국 한복판에서 일어나는 실제 상황이라고는 믿고 싶어 하지 않는 모습들이다. 영화를 보는 내내 우리는 야만적이고 폭력적인 한국 사회의 민낯을 고통스럽게 직시해야만 한다.

동성애 싫어한다고 말도 못해?!

아우라가 풋풋한 이영은 커밍아웃한 동성애자이다. 영화 속에서 카메라를 들고 등장하는 이영은 시종일관 최대한 냉정한 태도를 유지한다. 배타적인 종교 집단을 향해 카메라를 든다는 게 쉽지는 않았을 것이다. 동성애자들을 향해 '당신들은 세상에서 없어져야 한다'고 노골적으로 증오와 적대감을 드러내는 사람들을 보며 그녀는 어떤 생각이 들었을까.

처음에 혐오를 선동하는 세력을 만났을 땐 굉장히 화가 났어요. 거짓말로 선동을 하고 왜곡된 정보를 계속 유포시키고, 사회적 편견을 확장시키는 캠페인을 하니까요. 그런데 다음 순간 허탈해졌죠. 이들이 특별한 사람들이 아니라 바로 주변에서 쉽게 볼 수 있는 사람들, 나의 부모 세대, 옆집 아줌마, 아저씨, 동네의 평범한 청년들이라고 생각하니 기분이 정말 착잡했어요.

사실 성소수자에 대한 차별은 만연해 있지만, 한국에서 성소수자를 차별로부터 보호하는 법률이나 제도는 거의 없는 상태예요. 2007년부터 성소수자 차별을 금지하는 차별금지법 제정 시도가 있었지만, 번번이 반대에 부딪혀 실패했어요. 지속적으로 반대했던 세력들이 바로 영화에 나오는 이들이고요. 그렇지만 지금처럼 공적인 장소에서 대대적이고 공격적으로 집단행동을 하게 된 것은 2013년부터 두드러진 현상이에요. 점점 위험 수위로 가고 있다고 느꼈어요. 성소수자를 향한 공격이나 폭력은 그전부터 개인적으로는 늘 있었어요. 하지만 지금 같은 방식으로 증오 표현이 공적 영역에서 공공연하게 발화되는 것은 전혀 다른 차원의 문제죠.

이제까지 나는 혐오란 사적으로 뒤에서 보이지 않는 곳에서 남들 몰래 하는 거라 생각했다. 자신이 누군가를 혐오한다는 사실이

겉으로 드러난다면 그건 부끄럽고 창피한 일이라 여겼다. 생각 있는 사람이라면 자신이 남을 혐오했다는 사실에 수치를 느끼고 당사자에게 사과를 하고 용서를 구하는 게 상식이라고 믿었다. 그런데 최근 몇 년 사이에 우리 사회에서 벌어지는 일을 보면 그동안 내가 잘못 생각하고 있었던 게 아닐까 하는 의구심이 든다. 극렬한 혐오 발언을 내뱉고서도 개인의 의사 표현일 뿐이라고 주장하는 사람들이 나타난 것이다. 이들은 전혀 부끄러워하지도 않았고 오히려 당당했다. 자신에게 혐오할 자유와 권리가 있다는 듯이 사과도 반성도 없었다.

단지 누군가를 싫어하는 것은 혐오가 아니다. 어떤 사람을 싫어할 수도 있다. 싫다, 좋다는 감정은 누구에게나 있다. 그러나 공공장소에서 증오를 선동하고 물리적으로 상대를 공격하며 공포심을 조장하는 것 그리고 맹목적인 적대감을 표출하는 것은 명백히 '혐오'다. 예를 들어 어느 사람이 개인적으로 성소수자를 혐오한다고 속으로 생각할 수는 있다. 그런데 직접적으로 당사자에게 혐오 발언과 공격을 하거나 대중매체나 언론과 같은 공적 영역에서 공공연하게 혐오 발언을 하는 것은, 이영 감독의 말대로 차원이 전혀 다른 문제다.

최근 몇 년 사이에 광화문, 명동 어디서나 이런 반공 기독교 집단과 자주 마주친다. 상식적인 사람이라면 이들의 주장이 터무니없는 거짓이며 근거 없는 왜곡이라는 걸 잘 안다. 한 귀로 듣고 흘리면 된다고, 무시하면 그만이라고 웃어넘길 것이다. 어차피 생각 있는 사람들은 넘어가지도 않을 것이다. 하지만 문제는 성소수자 혐오에 관심도 없고 내용도 잘 모르는 대다수 사람이 '동성애 반대'를 외치는 이들의 일방적인 선동에 무방비로 노출된다는 데 있다. 계속 듣다 보면 익숙해지고, 익숙해지면 당연하게 여기게 된다.

> 혐오 발언이 표현의 자유라는 이름으로 더욱 힘을 얻고 있어요. 이 사람들은 '내가 싫어한다는데, 내 생각을 마음대로 말도 못해?'라고 이야기해요. 어떤 분들은 '너희들이 권리를 주장하니까, 우리도 혐오하는 거야'라고 말해요. 그냥 조용히 없는 듯이 살라고 하고요. 이런 말들은 살아 있는 사람에게 없는 듯이, 유령처럼 살라는 이야기인 거죠. 결국 성소수자들은 인간으로서 살 수 없다는 건데요. 문제는 상대의 존재를 부정하는 발언을 하면서도 그게 얼마나 폭력적이고 차별적인 것인지를 전혀 생각하지 않는다는 겁니다.

이 사회의 다수인 이성애자들은 자라면서 가정에서 학교에서 교육을 통해 자신이 이성애자인 것을 공기처럼 당연하게 받아들인다. 그렇기 때문에 이성애자라는 정체성을 명백한 불변의 진리처럼 여기며 세상의 모든 이를 이성애자라고 단정해 버린다. 세상에 자신과 다른 성정체성과 성적지향을 가진 사람이 있다는 사실을 결코 인정하지 않는 것이다.

한국인들 절대 다수는 자기 주변에 성소수자가 없다고 생각한다. 현실에서 한번도 만난 적도, 본 적도 없다고. 과연 그럴까. 제 눈에 보이지 않는다고 이들이 존재하지 않는 것은 아니다. 당신만 모르고 있을 뿐이다. 당신 주변의 성소수자들은 커밍아웃을 하지 않았을 뿐이다. 불이익과 차별, 혐오와 낙인이 두려워 자신을 있는 그대로 드러내지 못하고 정체성을 부정하며 살고 있을 뿐이다. 예를 들어 이성애자에게는 너무나 당연한 일이 동성애자에게는 하나도 당연하지 않다. 동성애자에게는 사랑하는 사람과 팔짱을 끼거나 어깨를 두르고 길을 걷는 것조차 목숨을 걸 정도로 엄청난 용기를 내야 하는 일일 수 있다.

이영은 성소수자들이 커밍아웃이나 아웃팅을 당한 후에 겪는 차별과 모욕, 혐오 공격에 비하면 일상생활에서 겪는 오해나 편견 쯤은 아무것도 아닌 것처럼 여겨진다고 했다. 그녀는 자신과 애인이 온천에 갔을 때 겪었던 일화를 들려줬다. 온천물에 몸을 담그고 있는데 다른 손님들이 그녀를 보고 힐끗거리며 대놓고 쑥덕거리기 시작했다. 남자야 여자야 남자가 왜 여탕에 들어와 있어. 사람들이 그녀를 불편하게 여기더란다. 이영은 으레 사람들이 말하는 '여자다운' 차림새를 즐겨 하지 않는다. 머리를 기르거나 립스틱을 칠하거나 섹시한 드레스를 입거나 하이힐을 신지는 않는다. 그러나 그녀는 엄연한 여성이며 자신의 취향대로 외모를 가꾸는 한 사람이다.

나 역시 학생 시절에 비슷한 일을 꽤 많이 겪었다. 짧은 스포츠 머리에 청바지와 운동화를 고수하던 그때 종종 화장실에서 남자로 오인받곤 했다. 목욕탕에서 옷을 벗기 전까지 손님들이 내게 항의했던 일도 있었다. 버스를 탈 때마다 남학생 취급도 받았다. 소위 '전형적'인 여학생 이미지와 거리가 멀었던 나를 사람들은 곱지 않은 시선으로 바라봤다. 외모나 옷차림만 놓고 봐도 사람들에게는 여자다움과 남자다움에 대한 고정관념이 있다. 이렇듯 평상시에도 남성/여성이라는 젠더 이분법에 시달려야 하는데, 만일 내가 성소수자라고 커밍아웃을 한다면 사람들의 태도는 어떻게 돌변할까.

2013년 12월 말에 열아홉인 게이 청년이 자살을 했어요. 기독교 신자였던 그가 게이라는 사실이 밝혀지면서 아웃팅을 당하고 괴롭힘까지 당해 스스로 목숨을 끊은 거죠. 하지만 그는 친구들과 사람들을 미워하지 않는다는 말을 남기고 떠났어요. 그때 저는 한참 〈불온한 당신〉을 촬영하던 중이었는데, 그 소식을 듣고 너무도 스산하고 슬퍼져서 한동안 아무것도 할 수 없었어요. 저는 그와 일면식도 없는 사이였지만, 그런 기분에 휩싸였죠. 그리고 장례식에 참석했어요. 아마도 제가 계속 성소수자 이야기를 영화로 만드는 것 혹은 영화를 만드는 게 일종의 사명감이라고 표현할 수 있다면 그건 제가 성소수자 그룹의 일원, 공동체의 일원이라고 느끼기 때문일 거라 생각해요.

어떻게 남자가 여자를
사랑할 수 있죠?

내게는 가깝게 지내는 성소수자 친구와 지인들이 있다. 세상에 둘도 없는 벗들이다. 오랜 시간 곁을 두고 알아 온 사람도 있고 근래에 알게 되어 호감을 느낀 사람도 있다. 존경하는 인생 선배도 있고 영화라는 꿈을 향해 매진하는 영화인도 있으며 동네에 사는 정겨운 이웃도 있다. 모두 내가 좋아하는 사람이다. 나를 챙기고 아껴 주며 만나면 수다를 떨면서 술 한잔 기꺼이 기울일 수 있는 친구들이다. 성소수자라고 해서 다른 점은 없다. 외모가 유별나거나 동성애자라는 표지를 달고 다니는 것도 아니다. 이들은 모두 우리가 흔히 일상에서 오가며 마주칠 수 있는 사람들이다. 내 가족일 수도 있고, 가까운 친구일 수도 있고, 학교에서 함께 공부했던 친구일 수도 있으며, 회사에서 매일 보는 직장 동료일 수도, 자주 들르는 편의점의 직원일 수도 있다.

까놓고 말해 보자. 성소수자가 불편한가. 불편하다면 왜 그런가. 왜 싫어하는가. 동성애자 때문에 직간접적으로 심각하게 피해를 본 적이라도 있는가. 그렇지 않다면 당신이 잘 알지도 못하고 당신에게 해를 끼친 적도 없는 사람을 무엇 때문에 그토록 혐오하는가. 이유 없이(!) 불편하고 동성애를 상상만 해도 징그러워서인가. 그렇다면 거기에는 딱 논리라고 부를 만한 것이 없다.

이성애자들은 상대방이 동성애자라는 사실을 알면 호기심을 참지 못한다. 마치 낯선 외계 생명체를 만난 듯 군다. 그래서 "언제부터 동성애자였어요?" 하고 묻기도 한다. 그런데 "언제부터"라는 말 자체가 상대방에게 폭력이라는 것을 깨닫는 사람은 별로 없다. 다르게 한번 생각해 보자. 똑같은 질문을 이성애자에게 던져 보자. "당신은 언제부터 이성애자였나요?" 선뜻 대답할 수 있는 이성애자가 과연 몇이나 될까. "태어나면서부터"라고 말하는 사람도 있겠지만 대다수는 순간 말문이 막힐 것이다. 이성애자로 사는 게 지극히 당연해서 "언제"란 시점을 한번도 생각해 본 적이 없을 것이기 때문이다. 태어나면서부터라고 대답한 사람도 동성애자 역시 태어나면서부터라고 대답할 수 있다는 사실을 생각해 본 적이 없으리라. 이성애자는 언제부터 이성애자인 걸 알았느냐, 언제부터 이성애자였느냐는 질문을 받지 않는다. 어떻게 다른 성을 사랑할 수 있느냐, 어떻게 다른 성과 섹스를 할 수 있느냐는 질문도 받지 않는다. 하지만 동성애자들은 어떻게 같은 성을 사랑할 수 있느냐는 질문을 수도 없이 받는다.

사람들은 누구나 자신이 사물을 편견 없이 '있는 그대로' 본다고 생각한다. 하지만 그렇지 않다는 걸 우리는 알고 있다. 자신이 아는 만큼 보고, 보이는 만큼 이해할 뿐이다. 따라서 눈으로 보고도 모를 수 있고, 모르기 때문에 오해할 수도 있다. 자신이 옳다고 믿는 것이 사실이 아닐 수도 있으며 자신이 알고 있는 것이 틀린 정보이거나 잘못된 지식일 수도 있다. 우리가 알 수 있는 지식의 범위에는 분명 한계가 있다. 그런데도 대부분 사람은 자신이 당연하다고 믿고 있는 것에 의심을 품지 않으며, 자신이 모른다는 사실을 인정하려 들지 않는다. 그렇다면 내가 믿고 있는 이 확신은 어디에서 오는가. 선험적으로 알고 있었던 것이 아니다. 전부 가정에서, 학교에서, 주변에서, 언론에서, 대중매체에서 배운 것이다. 그 확신은 보편이라는 이름으로 강제되고 기성의 권위로 주입된 관념이다.

우리가 진리라고 확신하는 것은 실상 고정관념이나 편견일 수 있다. 고정관념은 이성과 논리로 작동되지 않는다. 실제로 타당한가 아닌가 또는 있는가 없는가 하는 건 중요하지 않다. 나는 스스로를 객관적이라 생각하지만 사실 그런 자신이 누구보다도 '주관적'인 것이다. 내 탓보다는 남 탓이 쉽고 남의 눈에 있는 티끌은 보여도 내 눈 속의 들보는 안 보이는 법이다. 우리는 누구나 고정관념의 화신이고 편견의 노예다. 타인에 대해 내가 '알고 있다'고 생각하는 것조차 내 기준에서 바라본 고정관념일 수 있다. 옳다고 확신할수록 고정관념과 편견에 빠지기 쉽고 자신의 신념에 어긋나는 대상을 부정하고 혐오하게 된다. 우리 시대의 어른, 거리의 철학자 채현국 선생의 책에 이런 말이 나온다.

지식을 가지면 '잘못된 옳은 소리'를 하기 쉽다. 사람들은 '잘못 알고 있는 것'만 고정관념이라고 생각하는데 '확실하게 아는 것'도 고정관념이다. 세상에 '정답'이란 건 없다. 한 가지 문제에는 무수한 '해답'이 있을 뿐. 평생 그 해답을 찾기도 힘든데. 나만 옳고 나머지는 다 틀린 '정답'이라니…. 이건 군사독재가 만든 악습이다.

—《쓴맛이 사는 맛》(비아북, 39쪽)

'종북 게이'라는
프레임의 정체

인간은 먼 옛날부터 생존을 위해 자신을 해칠 수도 있는 외부의
적을 분간해야 했고, 이런 경험이 쌓여 모르는 것, 낯선 것을 경계
하고 두려워하게 되었을 것이다. 하지만 두려워할 이유가 없는 존
재를 두려워하거나 혐오하는 것은 인간 본성과는 무관하다. 따라
서 누군가를 혐오하는 것은 스스로 알려고 하지 않는 게으름에서
비롯된다. 사람들이 흔히 쓰는 표현 중에 "무식하면 용감해진다"
는 말이 있다. 하지만 모르면 "용감"해지는 것이 아니라 "폭력"적
이 된다.

결국 고정관념에 기반을 둔 혐오란 특정 사람이나 집단을 열등
하거나 불온한 존재로 보는 것, 즉 존재 자체에 대한 경멸이다. 혐
오는 단순히 왜곡된 인식이나 무지의 소산이 아니다. 구조적인 차
별과 일상화된 폭력의 문제다. 형식적 평등이나 제도적인 법 제재
만으로는 혐오 같은 뿌리 깊은 편견과 폭력을 결코 없앨 수 없다.
혐오는 본질적으로 사회 구조적 모순과 불평등이 내재된 사회 불
안을 특정 소수 집단의 탓으로 돌리는 방식이기 때문이다.

1950년대 냉전 체제가 지배하던 미국에서 매카시 광풍이 불었어요. 당시 동성애자들에게도 '빨갱이'라는 낙인이 찍히며 희생양이 되었죠. 그 이유가 사회적 편견이 두려운 동성애자들은 자신의 성정체성을 밝힐 수 없기 때문에, 협박을 당하면 손쉽게 공산주의의 스파이가 될 수 있다고 의심한 겁니다. 사회적 차별과 편견 때문에 커밍아웃을 할 수 없다는 약점을 이용해 간첩이라는 혐의를 덧씌운 다음 공공연히 공격하는 논리였던 거죠. 이게 말이 되나요?

물론 말이 안 된다. 사실상 근거 없는 조작이다. 그런데도 이런 말이 사람들을 실제로 혼란에 빠뜨린다. 극우 보수 세력이 노리는 게 바로 이런 현상 아닐까. 보수 종교 집단의 선동은 이성적으로 사리를 분별하는 사람들을 대상으로 하는 게 아니다. 이들의 확성기는 뭐가 문제인지 왜 문제가 되는지 잘 모르는 사람들을 향해 있다. 혐오의 논리는 '논리' 자체가 없어서 부술 수가 없다는 말이 있다. 이 말은 혐오 세력들은 논리적으로 타당한가, 이성적인 판단인가를 중요시하지 않는다는 얘기다. 악의적인 선동으로 문제의 본질을 흐리는 물타기를 하고 책임 소재를 떠넘길 희생양을 만들 수만 있다면, 상식과 정의 따위는 얼마든지 무시해 버린다는 뜻이다.

한국 사회에서 가장 오래된 낙인의 말이 '종북'일 것이다. 알다시피 종북은 말 그대로 '북한을 추종한다'는 뜻으로, 한마디로 '빨갱이'라는 소리다. 즉 레드 콤플렉스는 대한민국 현대사에서 독재

정권이 정통성 없는 권력을 합리화할 때마다, 민주주의를 탄압할 때마다 남북 분단이라는 정치적 상황을 악용하여 휘두른 반공 이데올로기다. 정부에 비판적이거나 정부 정책에 반대하는 경우 심지어 평등과 복지를 이야기만 해도 무조건 빨갱이로 낙인찍혔다. 이처럼 레드 콤플렉스는 사상과 토론의 자유를 가로막고 민주주의를 원천 봉쇄하는 독재 시대의 사회 통제 방식이자 미움 받는 소수를 제물로 삼는 마녀사냥이다.

그런데 대한민국에서는 21세기에도 여전히 이와 같은 20세기 냉전 논리가 색깔 논쟁, 이념 논쟁으로 계속되고 있다. 게다가 2013년 박근혜 보수 우익 정부가 들어서면서 사회 전반에서 공공연하게 종북몰이가 시작되었다. 성소수자를 향해 '종북 게이'라는 신조어마저 등장했다. 한국에서 대표적인 증오의 낙인이 바로 이 '빨갱이'인데, 여기에 성소수자인 게이를 갖다 붙인 것이다. 결국 동성애자는 북한을 추종하는 빨갱이들이란 소리다. 동성애자라는 이유만으로 성소수자는 순식간에 북한을 추종하는 불온한 존재, 나라를 혼란과 공포에 빠뜨려서 북한을 이롭게 하는, 즉 국가 전복 세력이 된다. 한 발짝만 물러나 생각해 봐도 이들의 말은 전혀 앞뒤가 맞지 않다. 말 그대로 비상식적이고 부적절하다. 할 말을 잃게 만드는 극단적인 혐오 발언이다. 그 밑에 흐르는 혐오와 적대감이 너무 커서 섬뜩할 정도다.

최근에는 종북 좌파의 최종 병기가 동성애자래요.(웃음) 사실 상식

있는 사람은 종북 게이란 말을 들으면 다 웃어요. 하지만 이런 말이 영향력을 발휘하게 되는 부분이 분명 있어요. 오랜 분단 체제의 산물인 냉전 이데올로기는 여전히 이 땅에 뿌리 깊게 남아 있죠. 남한의 오랜 역사 속에서 가장 강력한 낙인은 아마도 빨갱이 혹은 종북이라는 딱지일 거예요. 북한이 외부의 적이라면, 종북은 국가의 전복을 꾀하는 내부의 적이라고 이야기하는 방식이죠.

사실 '종북 게이'라는 말은 성소수자와 종북 빨갱이가 똑같다는 주장인 셈인데요. 이들이 주로 하는 말을 가져와서 살펴보면 이런 논리가 성립해요. 성소수자가 가정을 파탄내고, 사회를 오염시키고, 국가를 망하게 해서 대한민국의 적인 북한을 이롭게 한다는 의미인데요. 북한은 성소수자를 탄압하는 주요 국가 중 하나이기 때문에 이런 주장은 사실 난센스죠.

그런데 이런 방식으로 한국 기성세대에게 깊이 뿌리 박혀 있는 냉전 의식, 전쟁에 대한 공포와 불안을 자극하는 거예요. 사회 비판적인 목소리, 기존의 규범에서 벗어난 존재들, 정당한 노동의 대가를 요구하는 사람들을 모두 묶어서 사회의 안전을 해치는 존재들로, 종북으로, 내부의 적으로 몰아가는 거죠. 사회적 통제를 강화하기 위해 공포를 활용하는 정치적 사례의 하나라고 볼 수 있겠지요.

한국 사회의 더 큰 문제는 그동안은 혐오 대상이 주로 사회적 약자들이었는데 이제는 그 범위를 넘어섰다는 것이다. 점점 더 많은 사람이 혐오의 대상이 되고 있다. 성소수자들만 겨냥한다고 여겼던 혐오 공격이 여성, 장애인 심지어 세월호 유가족 같은 여느 사람들에게까지 확산되고 있다. '혐오의 시대'가 도래한 것이다.

혐오의 시대에 동성애자들은 종북 게이가 되고 세월호 유가족들은 불온 세력이 된다. 대표적인 것이 세월호 참사를 "교통사고"에 비유한 것이다. 이런 재난 참사는 사회 구조적인 문제 때문에 발생한 것인데 이를 개인적이고 사소한 문제로 몰아갔다. 세월호 유가족이 특례입학을 요구했다고 음해하거나 경기 침체의 주범이 유가족이라고 몰아가기도 했다. 이것은 모두 혐오 세력이 만들어 낸 프레임이다.

세월호 참사가 났을 때 어느 학교의 선생이 "애들 다 죽었을 거다. 수업이나 하자"고 했다는 괴담 같은 이야기가 떠돈 적이 있다. 지금껏 내가 들은 말 중 가장 끔찍한 혐오 발언이었다. 진위 여부를 떠나 이런 얘기가 아무렇지도 않게 떠돈다는 것은 우리 사회가 기본적인 상식이 완전히 무너진, 인간에 대한 최소한의 예의도 없는 사회라는 것을 반증하는 것은 아닐까.

2차 세계대전 당시 독일 나치가 저지른 제노사이드 대상엔 유대인뿐 아니라 장애인, 노숙인, 집시, 동성애자도 포함돼 있었다. '정상'이 아니고, '열등'하단 이유에서였다. 사회적 약자를 향한 혐오는 시대와 국가를 구분하지 않는다. 우리가 합리적인 사고와 이성적 판단을 멈추는 순간, 우리가 약자의 입장에서 공감하지 않는 순간, 바로 인간이 인간이기를 포기하는 순간에 혐오는, 파시즘은 다시 싹튼다.

이들은 사회적 약자로 분류되는 소수 때문에 다수의 권리가 침해받는다고 주장해요. 그런데 그 '다수'가 누구일까요? 정작 그 다수는 실체가 없어요. 이들은 차별을 반대하고 평등을 주장하는 시민들이, 소수의 선동 세력이, 나라를 어지럽히고 있다고 비난해요. 정부 정책에 비판적인 목소리, 촛불을 들고 시위에 나온 사람들에 대해서도 불온 세력이라고 이야기하지요. 정당한 임금을 요구하는 사람들, 사회 기반 시설을 공적 영역으로 남겨 놓자는 목소리들에 대해서도 모두 불온한 소수일 뿐이라고 이야기하는 거죠. 세월호 유가족마저 그런 식으로 몰아갔어요.

그렇다면 여기에 걸쳐지지 않는 사람이 누가 있을까요? 이 사회에 사는 누구나 이런 방식으로 내몰릴 수 있다는 거예요. 본질은 이제 우리 대다수가 사회적으로 보호받지 못한 자가 되고 있다는 사실, 한 사람 한 사람이 뿔뿔이 흩어진 개인이 되어 아무런 보호도 받을 수 없는 삶의 가장자리로 내몰리고 있다는 사실이에요.

한국 사회의 기득권은 자신들을 피해자라 주장한다. 더 많은 평등을 요구하는 사회적 약자 때문에 다수의 국민이 피해를 받는다는 것이다. 하지만 사회적 약자들이 다수를 역차별한다는 이 논리야말로 혐오 세력이 기획한 전형적인 프레임이다. 이 사회는 의심할 여지없이 소수가 다수를 차별하는 사회다. 이때의 '소수'는 사회적 약자인 여성, 장애인, 성소수자, 이주노동자가 아니라 우리 사회에서 말 그대로 기득권을 쥔 한 줌의 소수다. 정치, 경제적 기득권을 쥔 이 소수가 다수의 힘없는 서민을, 소수의 자본가가 다수의 노동자를, 소수의 부자가 다수의 빈자를, 소수의 '갑'이 다수의 '을'을 부당하게 차별하고 있는 것이다. 여성, 장애인, 성소수자들이 남성, 비장애인, 이성애자를 차별하는 게 아니다. 사회적 약자들에게 차별당하는 '다수'는 없다. 차별받는 한 사람 한 사람, 파편화된 개인들이 모여 이룬 불특정 '다수'가 있을 뿐이다.

기본적으로 대한민국은 사회적 약자와 피해자를 혐오하는 사람들에게 너무도 관대하다. 심지어 관대하다는 사실조차 인식하지 못하는 사람이 너무 많다. 집단의 논리로 개인을 억압하는 조직 문화, 생각할 시간과 여유를 앗아 가는 경쟁 시스템, 자신의 분노를 약자를 공격하는 것으로 푸는 방식, 말보다 주먹 혹은 상식보다 돈이 앞서는 문화가 만연해 있다. 그렇다. 우리는 진실로 평등이 과연 '누구'를 위해 존재해야 하는지 모른다. 지금 한국 사회에서 '평등'은 강자의 횡포를 막고 약자의 권익을 보호하는 개념이 아니라 강자가 모든 것을 독식하는 것이라는 의미로 변질되었다. 권력을 가진 자, 즉 '갑'을 위해 존재하는 평등, 그들만의 평등일 뿐이다. 이렇듯 기득권을 쥔 강자가 스스로를 피해자로 규정하는 왜곡된 프레임에 우리가 아무런 문제의식을 느끼지 못할 때 사회적 약자의 인권은 벼랑에 몰린다.

스스로를 중립이라는 위치에 놓고자 하는 분들이 있어요. '성소수자나 성소수자를 반대하는 기독교 집단이나 모두 소수자 아니냐. 둘 다 같은 소수자인데 결국 소수자와 소수자가 싸우는 거 아닌 가'라는 논리를 펴는 분들이 있습니다. 이런 분들은 영화(《불온한 당신》)가 한쪽 입장에서 보고 있는 것 같다고 질문합니다. '소수자' 라는 사회적 지칭이 단순히 숫자의 많고 적음을 의미하는 바가 아 님에도 불구하고, 그 안에서의 권력의 차이를 보려고 하지 않는 태 도라고 생각합니다.

'나는 어느 쪽 편도 들지 않고, 중립적, 객관적으로 사태를 바라보고 있다'는 태도를 취하려는 경우들이 있습니다. 어떤 상황을 만나게 되었을 때, 그것을 파악하는 과정에서 여러 방향과 입장에서 고민 해 보는 과정은 필요합니다. 그것이 객관적으로 사태를 파악해 보 려는 노력이겠지요. 그런데 상황을 파악한 이후에도 판단을 유보하 는 이러한 입장들은 결국에는 현재의 차별을 유지하는 쪽, 권력이 위치한 곳과 같은 자리에 서게 된다는 것을 알아야 합니다.

기울어진 운동장에 서 있으면 세상이 기울어진 것이 당연하게 느껴진다. 다른 쪽에 있는 사람들이 이 상태는 평등하지 않으니 기울기를 수평으로 조정하자고 요구한다 치자. 하지만 그 기울기 덕분에 권력을 쥐고 있는 사람들이라면 상대편 요구를 들어주지 않을 것이다. 자신이 기울어진 운동장에 서 있는 사실조차 자각하 지 못한 사람이라면 더 말할 필요도 없다. 정치라는 싸움은 이처 럼 한쪽으로 기울어진 운동장에서 벌어진다. 그렇기 때문에 양비 론은 특히 위험하다. 너도 옳고 쟤도 옳고 너도 나쁘고 쟤도 나쁘다는 태도는 특히 혐오 문제를 다룰 땐 본질을 흐린다. 누가 약자고 강자인지 힘의 지렛대가 어디로 기울어져 있는지를 보지 못하게 만들기 때문이다.

우리가 사는 세계를 둘러봐도 마찬가지다. 기울어진 운동장 형국이다. 구체적으로 한국 사회를 보면 자본주의 - 가부장제 - 중산층 - 대졸 - 군필자 - 이성애자 - 남성이 '표준' 또는 '일반'이다. 이 말은 모든 정책과 이데올로기가 이들을 기준이자 중심으로 굴러간다는 뜻이다. 남성 중심적인 시각이 한국 사회에서는 '보편'으로 인식된다는 소리다. 따라서 여성의 시각은 '보편'이거나 '일반'으로 인정되지 않는다. 특수하거나 하찮은 것, 열등한 것으로 치부된다. 성소수자나 장애인 그리고 이주노동자에 대해선 더 말할나위도 없다.

한 사회의 인권 지수와 민주주의를 가늠하는 바로미터가 바로사회적 약자다. 사회가 우경화, 보수화되면 제일 먼저 평등의 논리에서 배제되는 사람들이 이들이기 때문이다. 이들의 인권이 위험에 처한다는 것은 민주주의가 근간부터 흔들리고 있다는 뜻이다. 이들이 배척되는 사회에서는 나나 당신이나 어느 누구도 자유롭거나 안전하지 않다. 현실에서는 실제로 중립도 이상적인 평등도 존재하지 않는다. 한쪽으로 기울어진 운동장에서 만인이 평등하다고 운운하는 건 철학의 차원에서는 가능할지 몰라도 정의의차원에서는 지배자의 편에 서서 보는 윤리학이다.

극우 보수의 목소리를 무너뜨려야 하는 것은 성소수자들 삶의 권리 때문만이 아니에요. 그들의 목소리는 '누구든 차별받아서는 안 된다'는 기본적인 인권의 가치를 흔드는 건데요. 결국 그런 주장들이 이야기하는 바는 '누구나 평등해서는 안 된다'는 거지요. 불평등할 필요가 있고, 차별받아도 되는 존재들이 있다는 이야기죠. 그래야만 다수의 권리가 지켜진다는 논리 혹은 다수가 이득을 볼 수 있다는 논리, 차별적 논리이죠.

그렇다면 그 피해가 단순히 성소수자들에게만 국한될까요? 아니라는 거예요. 일차적으로는 성소수자들을 포함해서 사회적 약자들이 가장 큰 피해를 입겠지만, 차별의 논리는 대상을 바꿔 가며 확장된다는 거예요. 그리고 어떤 대상을 차별해도 된다고 합리화했던 논리는 다른 상황에서 다른 대상들에게도 동일하게 적용됩니다. 이 말은 사실상 우리가 모두 피해를 볼 수 있다는 거예요. 이는 무엇보다 인권 지수의 후퇴를 의미하죠.

누구나 자신이 살고 싶은 대로

최근 성소수자 인권에 대해 발언하는 정치인이 늘고 있다. 페미니스트라면서 성소수자의 인권은 배제하거나 동성애는 즉 성소수자는 '지지(!)'하지 않지만 소수자 차별에는 반대한다고 말하는 이도 있다. 여성은 '지지'하지 않지만, 장애인은 '지지'하지 않만, 흑인은 '지지'하지 않지만 그들을 차별하는 것은 반대한다는 말과 같다. 자가당착이다. 한마디로 말장난, 언어 궤변이다. 장애인은 혐오하지 않지만 동네에 장애인 시설이 들어오는 건 반대한다는 사람들의 논리와 별반 다르지 않다. 그런데 그게 바로 혐오고 차별이다. 인권이라는 것은 지지 여부와 하등 상관없는, 인간이라면 그 자체로 마땅히 누려야 할 권리다. 따라서 그와 같은 발언과 시각에 담겨 있는 본질은 성소수자에게 인권이 있다는 사실을 인정할 수 없다는 의미일 뿐이다.

지난 10년간 국회에서 입법과 철회, 계류를 반복하고 있는 '성적지향'을 포함한 차별금지법은 한국 사회가 사회적 약자들을 어떻게 여기는지 가늠하게 한다. "어떤 누구도 성별·연령·직업·종교·신념·계층·지역·인종·성적지향 등을 이유로 차별받아서는 안 된다"는 조항에서 성적지향만을 제외하겠다는 것은 인간의 존엄을 지키며 차별받지 않을 권리를 누릴 수 있는 사람에서, 그 '누구나'에서 성소수자는 포함하지 않겠다는 뜻이다. 결국 대한민국에서 자신의 성정체성을 드러내는 성소수자는 국민으로서나 시민으로서 권리를 누릴 수 없으며 차별받는 것이 당연하다는 논리다. 보수 기독교 집단이 소수자들을 차별하고 공공연하게 혐오 발언을 하고 혐오를 조장하는 것은 가능하지만, 반대로 성소수자들이 자신의 인권을 주장하거나 자신의 정체성을 표현하는 것은 가당치도 않다는 말이다. 성소수자 역시 대한민국에서 엄연히 노동을 하고 세금을 내는 국민이자 투표권이 있는 시민인데도 말이다. 그

차별의 논리는 대상을 바꿔 가며 확장된다는
거예요. (…) 다른 상황에서 다른 대상들에게도
동일하게 적용됩니다. 이 말은 사실상 우리가 모두
피해를 볼 수 있다는 거예요.

렇다면 소수자는 의무는 있되 권리는 없는 사람이다. 이것이야말로 인권 평등의 원칙에 명백히 위배되는 것이 아닌가.

마르틴 니묄러의 시 〈그들이 처음 왔을 때〉를 보면 이래요. '나치가 공산주의자들을 덮쳤을 때, 나는 침묵했다. 나는 공산주의자가 아니었다. 그 다음 그들이 사회민주당원들을 가두었을 때, 나는 침묵했다. 나는 사회민주당원이 아니었다. 그 다음 그들이 노동조합원들을 덮쳤을 때, 나는 아무 말도 하지 않았다. 나는 노동조합원이 아니었다. 그 다음 그들이 유대인들에게 왔을 때, 나는 아무 말도 하지 않았다. 나는 유대인이 아니었다. 그 다음 그들이 나에게 닥쳤을 때에는, 나를 위해 말해 줄 이들이 아무도 남아 있지 않았다'고요.

이 사회에서 내 삶의 조건은 타인의 삶과 연결되어 있을 수밖에 없어요. 어떤 사안에 있어서는 내가 직접적인 당사자가 아닐 수 있지만, 그 일의 여파는 어떤 방식으로든 나의 삶에 영향을 미치게 되는 건데요. 또는 내 선택이 타인의 삶에 영향을 미치기도 하고요. 우리 모두가 조금씩은 타인에게 의존하고 있다는 사실, 서로가 서로에게 연결되어 있다는 인식이 절실히 필요한 시점인 것 같아요. 이 시대에 함께 산다는 것의 의미는 무엇인지, 우리가 어떻게 타인과 공존할 수 있을지를 영화를 통해서 고민할 수 있으면 좋겠다고 생각해요.

이영은 여성이자 레즈비언이다. 그녀는 사회적 약자인 여성인

동시에 성소수자라는 이중의 차별과 편견에 놓여 있다. 소수자 안에서도 또 소수인 셈이다. 하지만 이영은 그런 자신을 부정하지 않고 있는 그대로 긍정한다. 그뿐만 아니라 여성으로서, 성소수자로서 이 사회의 고정관념과 잘못된 편견에 당당히 맞선다.

> 자기가 되기 위해서 질문을 끊임없이 해야 하는 거죠. 그 질문에 답하면서 자기가 되어 가는 겁니다. 저는 여자가 좋고 그렇게 살고 있어요. 그리고 레즈비언인 제 삶에 만족합니다. 그래서 저는 이렇게 반문해요. '누구든 있는 그대로, 자신이 살고 싶은 대로 살아갈 수 있는 세상을 만드는 게 모두를 위해 더 좋지 않을까요?'

나는 앨라이(ALLY)다. 성소수자의 동지다. 앨라이는 인종과 성 정체성 등이 다르다는 이유로 자행되는 차별을 없애기 위해, 소수자의 인권을 위해 함께 고민하고 행동하는 모든 사람을 일컫는다. 동맹, 협력자를 뜻하는 영어에서 유래했다. 성소수자의 편이 된다는 것은 주변에 있는 성소수자의 존재를 '있는 그대로' 받아들이겠다는 뜻이다. 성소수자의 인권을 지지, 옹호하는 것이며, 그들을 혐오하는 말이나 농담, 차별하는 행위를 반대하는 것이며, 성소수자를 차별하는 정당이나 후보자에게 투표하지 않는 것이다.

인간은 지구상에 존재하는 모든 생명체의 속성을 낱낱이 알지 못한다. 인간 자신에 대해서도 마찬가지다. 이성애가 자연의 섭리라고 믿는 사람이 많겠지만 실제로 자연에는 동성애, 양성애,

범성애 등이 다 존재한다. 이성애는 자연의 한 측면일 뿐이다. 성소수자에도 동성애자만 있는 게 아니다. LGBTQIA[레즈비언 (Lesbian), 게이(Gay), 양성애자(Bisexual), 트랜스젠더(Transgender), 자신의 성정체성에 의문을 품는 사람(Questioner), 간성(Intersex), 무성애자 (Asexual)] 등 다양하다. 물론 지구상의 대다수는 이성애자 남성과 여성이겠지만, 그렇다고 해서 이 세상에 이성애자가 아닌 성정체성과 성적지향을 가진 소수자들이 존재한다는 사실이 사라지지는 않는다.

고등학교 때 좋아하던 단짝이 있었다. 멀리서 그 애가 걸어오는 모습만 봐도 몹시 설레고 두근거렸다. 얼굴을 맞대고 함께 밤을 지새웠던 추억이 마음 한구석에 소중하게 남아 있다. 아마도 그녀는 내 첫사랑이었을 것이다.

이십 대 한철 함께 술 마시고 춤추고 음악 들으며 놀던 친구가 있었다. 어느 날 그녀가 조심스레 고백했다. 자신은 남자가 아니라 여자를 좋아한다고. 친구가 동성애자라고 해서 우리 사이가 멀어지거나 깨지지는 않았다.

그때나 지금이나 나는 친구들이 이상하거나 잘못되었다고는 생각해 본 적이 한번도 없다. 그는 그냥 내가 아는 그인 것이다. 여자를 좋아하든 남자를 좋아하든 누가 누구를 좋아하든 어떤 식으로 좋아하든 그건 그 사람 마음이 아닌가. 누구든지 자기가 좋아하는 사람을 좋아할 권리가 있는 게 아닌가. 사랑에 국경이 없다면 젠더에도 마찬가지다. 이성애든 동성애든 양성애든 서로 마음이 맞고 좋아하고 사랑한다면 누구도 그것에 대해 뭐라 할 자격은 없다.

문득 그립다. 그때 그 친구들은 모두 어디에서 무얼 하고 있을까. 일상생활에서 여전히 마음 졸이며 자신을 숨긴 채 살고 있을까. 아니면 그를 아끼고 사랑하는 사람들과 자신을 긍정하면서 살고 있을까.

2016년 6월 28일 서울광장에서 제16회 퀴어 문화 축제가 열렸다. 사방에서 무지개 깃발이 휘날렸다. 무지개 깃발은 성소수자만 상징하지 않는다. 다양성과 화합의 상징이다. 올해도 어김없이 퀴어 축제가 열릴 것이다. 나는 상상한다. 행진하는 사람들 틈에서 어린 시절 그 친구들이 어깨동무를 하며 걷는 모습을. 나는 소망한다. 이런 날만큼은 누구나 차별도 편견도 없는 공기를 자유롭게 만끽할 수 있기를. 그곳에서 앨라이인 당신을 만날 수 있기를. 조금씩 다르고 또 조금씩 같은 우리가 모두 어우러져 무지개 빛깔로 반짝이는 세상이 도래하기를.

풍요로운 삶을 위해 우리에게 필요한 것은 무엇일까. 누구나 있는 그대로, 타고난 그대로, 자신이 원하는 모습으로 살아가고, 그런 삶을 밖으로 확장하는 것이다. 그 풍경의 빛깔은 다채로우리라.

이영

　　여성주의적 서사와 이미지 재현을 실험하는 다큐멘터리 감독. 만들어진 지 17년째인 여성영상집단 움(WOM)에서 이혜란 감독을 비롯한 동지들과 꾸준히 영상 작업을 하고 있다. 움은 영화를 제작하는 곳이자 여성주의적 공동체이기도 하다. 이영은 이런 공동체 생활이 여성주의적 영화 만들기 일부이자 여성주의를 실천하는 것이라고 믿는다.

　　그동안 이영은 움에서 〈거북이 시스터즈〉(2003)를 시작으로 〈이반검열〉(2005), 10대 레즈비언의 이야기를 담은 〈Out: 이반검열 두 번째 이야기〉(2007) 그리고 〈불온한 당신〉(2015)을 만들었다. 〈불온한 당신〉으로 2016년 올해의 여성영화인상 다큐멘터리상을 받았다.

　　이영은 〈불온한 당신〉에서 한국 사회의 혐오 세력을 향해 정면으로 카메라를 들었다. 그녀는 우리 사회 곳곳에 도사리고 있는 불온한 공기를 감지하고 관찰하고 비판하고 기록하는 데 조금도 주저하지 않는다. 다르게 세상 읽기를 시도하는 영화, 나와 다른 타자에게 폭력적인, 부끄러운 우리의 민낯을 드러내는 영화, 사회적 약자의 편에 서서 우리를 몽매에서 깨어나게 하는 영화가 불온하다면 그녀의 영화는 앞으로도 그럴 것이다.

　　이영은 차기작 중 하나로 먼저 산 레즈비언 선배들을 다룬 영화를 구상하고 있다. 존재하지만 아무도 말하지 않았던 레즈비언의 생애, 세대사를 구술로 남기는 작업을 통해 과거와 미래를 이어 주고 싶은 것이다. 그녀는 현재 최전선에 서 있는 여성 퀴어다.

6장.
장 보듯이
동물을
사는
사회

— 황윤 감독

뜻밖의 무더위가 찾아온 5월. 한낮이라 더 더웠다. 제1회 비건 페스티벌, 그러니까 채식 축제가 열리는 서울혁신파크로 향했다. 누구는 나무 그늘 아래서 기타를 치고, 누구는 노래를 부르고, 누구는 유기농 빵과 쿠키를 내놓았고, 누구는 수제차를 내리고, 누구는 직접 만든 생필품을 팔고 있었다. 축제 분위기가 물씬 풍겼다. 황윤 감독을 만나기엔 더없이 좋은 장소였다. 그녀는 동물에 관한 다큐멘터리를 꾸준히 찍어 왔을 뿐만 아니라 환경과 생태에 관해서도 꾸준히 관심을 두고 발언해 왔기 때문이다.

황윤은 2016년 총선 때 녹색당 비례대표 후보로 출마했다. 녹색당은 원내 진입에 성공하지 못했으며 황윤 역시 당선되지는 못했다. 선거 제도의 문제도 있고, 아직 녹색당을 생소하게 여기는 사람도 많아서인 듯하다. 출마를 결심한 배경이 궁금했다.

사실 정치는 꿈에도 생각해 본 적이 없는데.(웃음) 출마를 결심한 계기는 뭐랄까. 제가 다큐를 만드는 이유와 같아요. 좀 더 나은 세상을 만들고 싶다는 바람이었죠. 그 변화에 영화도 일조할 수는 있지만, 무엇보다 제도가 변해야 세상이 바뀌는 것이고, 그 제도를 바꾸는 건 정치니까요. 관객들이 제 영화를 보고 세상이 달라져야 한다고 생각해도, 제도와 사회 구조가 바뀌지 않으면 변화는 더디거나 한계가 있을 수밖에 없으니까요.

손쉽게 쓰다 버려지는 '비인간 동물'

그동안 황윤은 동물원을 동물의 시각에서 그린 다큐멘터리 〈작별〉(2001)을 시작으로, 야생동물들의 로드 킬(road kill)을 다룬 〈어느 날 그 길에서〉(2006) 그리고 그녀가 자신과 가족을 통해서 현재 우리 식탁을 지배하는 육식의 문제와, 인간과 축산동물의 관계를 성찰하는 〈잡식가족의 딜레마〉(2015)까지 '비인간 동물'에 계속 주목해 왔다. 이유가 뭘까.

선거 운동 할 때 퍼포먼스를 했어요. 사방 1미터짜리 투명한 전시장을 설치해 놓고 그 속에 제가 들어가서 전시물이 되었어요. '인간을 팝니다' '황윤을 팝니다' 이런 제목을 써 붙이고요. 대형 마트의 펫

샵, 동물 판매점, 동물원, 동물체험관, 공장식 축산, 동물실험 등 여러 가지 방식으로 동물들을 감금하고 이용하는 현실을 '인간 전시'로 바꿔 재현해 본 거죠. 동물들 입장을 최대한 재현해 보고 싶어서 일부러 시계, 핸드폰도 놓고 들어갔고, 물도 안 먹고 다섯 시간 동안 감금 상태로 있었어요.

쇼윈도에 전시된 귀여운 강아지들은 '퍼피밀(Puppy mill)'이라고도 불리는 '강아지 공장'에서 와요. 아주 더럽고 좁은 우리에 갇힌 어미 개들이 인공수정을 통해 강제 임신과 출산을 반복하고, 출산율이 떨어지거나 병들면 보신탕이나 개소주 집에 팔려 간다는 사실을 대부분 시민은 물론 '애견인'들도 잘 모르죠. 새끼들은 어릴수록 상품가치가 높기 때문에 어미젖도 며칠 못 먹고 바로 펫샵이나 대형 마트로 팔려 오죠. 사람들은 인형을 장바구니에 담듯 손쉽게 생명을 사고 키우다 병들거나 늙어 귀찮아지면 버리죠.

동물원은 '꿈과 낭만의 동산'으로 포장되지만, 그 속에서 평생 동안 갇혀 살아야 하는 동물들 입장에선 '종신형 감옥'일 거예요. 코끼리, 호랑이, 북극곰, 이런 대형 동물들은 야생에서 수백 제곱킬로미터의 넓은 생활 반경을 영역으로 삼고 살아가는데 동물원 전시장은 야생의 백만분의 일도 안 되는 면적에 단조롭기 짝이 없어서, 갇힌 동물들에겐 큰 고통이죠. 그뿐만 아니라 축산동물인 돼지와 닭은 햇빛도 바람도 통하지 않는 공장식 축산에서 고밀도로 사육돼요.

인간의 욕망 때문에 다양한 장소에 갇힌 동물이 스트레스를 견디지 못해 철창을 이빨로 물어뜯거나, 머리를 반복적으로 흔드는 정신병적 행동을 해요. '정형행동'이라는 건데요. 동물들은 그런 상태로 평생이라는 시간을 살아가죠. 동물들이 감내해야 하는 건, 답답함과 지루함뿐 아니라 강제 임신, 반복 출산, 새끼와의 분리, 부모·형제와의 분리, 꼬리와 이빨 자르기 등 여러 가지 육체적, 정신적 고통도 겪어요. 이 정형행동을 제가 퍼포먼스를 할 때 해 봤어요. 전시장 구석에 쭈그리고 앉아 있다가, 머리를 흔들고, 왔다 갔다 하고, 전시장 벽을 손톱으로 마구 긁어 대고…. 퍼포먼스 끝낸 후 사람들이 고생했다고 위로해 주는데 저는 생각보다 별로 안 힘들었어요. 고통받는 동물들이 제 카메라와 제 가슴 속에서 365일 울고 있기 때문에. 그들의 고통에 비하면 다섯 시간 갇혀 퍼포먼스를 하는 건 정말 아무것도 아니었어요.

문득 영화 〈혹성탈출〉 시리즈가 떠올랐다. 영화에서 인간은 인체를 대신할 실험용으로 유인원을 사육한다. 유인원의 운명은 평생 철장에 갇힌 채 마루타처럼 취급되다가 잔인하게 살해되는 삶이다. 그런데 이 유인원 중 인간의 지능을 가진 '시저'가 유인원들을 규합해 인간에게 대항하기 시작한다. 종국에 인간은 반대로 유인원의 지배를 받는 존재로 전락한다. 영화에서는 유인원이 오히려 더 인간답고, 인간이 더 짐승 같다. 인간에 저항하는 시저의 모습에서 "노예도 사람이다. 자유를 달라"며 반란을 일으킨 로마의 검투사 스파르타쿠스가 겹쳐지기도 한다.

법 개정이 시급해요. 독일은 이미 1990년에 "동물은 물건이 아니다"는 조문을 민법에 명시했고, 2002년에는 세계 최초로 헌법에서 동물 보호를 국가의 책무로 규정했어요. 총선 당시 녹색당 정책 공약에는 "헌법에 국가의 의무로 동물 보호를 명시하고, 민법에서 동물은 물건이 아닌 생명임을 명문화한다"는 내용을 포함했었어요. '동물이 물건이 아닌 건 당연하지'라고 생각하는 분이 많겠지만, 현재 한국 법에서 동물은 생명이 아니라 물건이나 다름없어요. 예를 들어 동물이 누군가에 의해 극악한 학대를 받아도 학대자로부터 동물을 구출하기 힘들어요. 동물의 생명권보다 학대자의 소유권이 더 우선시되기 때문이에요. 또, 한국에서는 남의 동물을 다치게 하면 '재물손괴'로 처벌해요. 동물을 단순한 '물건'이나 소유자의 '재산' 정도로 취급하는 것이 한국 법인 것이죠.

다행히 최근 한국에서 30년 만에 동물권을 위한 헌법 개정이 논의되고 있는데요. 인간을 넘어 동물의 생명권이 존중돼야 한다는 의견들이 나오고 있어요. 그뿐만 아니라, 작년엔 '동물원 법'도 만들어졌어요. 동물원 동물 복지를 위한 최소한의 법적 장치인데요. 동물원 법이 없다는 건, 누구나 아무렇게나 동물원을 만들어 운영할 수 있다는 것이고, 처벌받을 법적 근거가 없다는 의미예요. 동물원 법이 저희들이 요구했던 중요한 항목들, 예컨대 동물쇼 금지 조항 등이 빠진 채로 국회에서 통과됐지만. 불과 10여 년 전까지만 해도 한국에선 인식조차 없던 동물권이 헌법 개정에서 논의되고 있는 것 자체가 저는 진보라 생각해요. 그래도 시작이 반이니까요.

독일뿐 아니라 유럽은 수준 높은 동물 보호법을 갖추고 있다. 유럽연합(EU)에선 "동물에게 기아·갈증으로부터의 자유, 불편함으로부터의 자유, 고통·상처·질병으로부터의 자유, 정상적인 활동을 할 자유, 공포·스트레스로부터의 자유" 등 다섯 가지 자유 보장을 동물 복지의 기본으로 정의했을 정도다.

혐오 이야기를 하다가 왜 난데없이 동물 복지 운운하냐고 묻고 싶은 분도 있을지 모르겠다. 사실 아직 한국에선 동물 보호법이라는 것 자체가 낯설고 구체적으로 와 닿지 않는 개념일 가능성이 크다. TV 프로그램 〈동물 농장〉을 애청할 정도로 동물에 관심이 많고 실제로 반려동물과 함께 사는 사람들조차 동물권이 뭔지 진지하게 생각해 본 적이 별로 없을 것이다. 솔직히 고백하면, 황윤의 설명을 듣기 전까지 나도 그랬다.

제게 이런 질문을 던지는 분들이 종종 있어요. '언제부터 그렇게 동물을 좋아했나요?'라고요. 또 어떤 분은 '난 동물은 관심 없어'라고 말해요. 이때마다 참 난감해지곤 해요. 예컨대 노동자를 주제로 꾸준히 영화를 만드는 감독에게 사람들은 '언제부터 노동자를 그렇게 좋아했나요?'라고 묻지는 않잖아요. '난 노동 문제에는 관심 없어요'라고 말하지도 않죠. 그런데 왜 유독 비인간 동물에 대해서만큼은 호불호, 취향의 문제로 생각할까요? 제가 비인간 동물들 문제에 천착하는 이유는 그들을 '좋아해서'가 아니라 그들이 모든 약자 중의 약자이기 때문이에요.

비인간 동물들은 단지 인간이 아니라는 이유로, 수백만 년 동안 대대손손 살아온 삶의 터전을 어느 날 갑자기 빼앗기고, 인간의 차바퀴에 깔려 먼지처럼 사라지고, 멸종으로 몰리고, 오락과 산업의 노예가 되어 공연장에서, 전시장에서, 실험실에서, 공장식 축산에서, 극단적인 고통과 끝이 보이지 않는 착취를 당하고 있는 거예요.

살처분과 홀로코스트

인간과 다를 바 없는 똑같은 생명체로서 동물도 자유와 복지를 누릴 권리가 있다는 황윤의 지적은 전적으로 옳다. 인간에게 인권이 있다면 동물에게는 동물권이 있다. 인간은 생태계에서 동물보다 우위에 서 있는 게 아니라 생태계의 한 부분일 뿐이므로, 인간이 동물을 학대하거나 죽이거나 멸종시킬 자격은 없다.

작가 아이작 싱어가 말한 것처럼 동물과의 관계에서 현 인류는 나치와 똑같다고 생각해요. 엽기적 동물 학대범에게는 대부분의 사람이 분개하지만, 동물쇼·동물원·동물 판매·공장식 축산과 도축장 등도 사실 동물의 고통이라는 측면에서 볼 때 결코 덜하다고 볼 수 없는데 이런 것들에는 불편함을 느끼는 사람이 적어요. 왜일까요? 제도화되어 있기 때문이죠. 합법적으로 용인되기 때문이죠. 폭력이 제도화되면 그 폭력은 어디에나 있지만 오히려 보이지 않고, 그것이 폭력이라는 것을 사회 구성원들이 잘 인식할 수 없게 되죠.

　제러미 리프킨이 '차가운 악'으로 표현했던 이 제도화된 폭력을 저 역시 인식하지 못하다가, 어느 순간 알아차리게 됐고, 한번 인식한 이후엔 가만히 있을 수 없었어요. 침묵은 동의의 다른 말이니까요. 그러니까 저는 '동물 애호가'가 아니라 평화를 염원하는 한 사람으로서, 불의를 보고 표현하지 않으면 견딜 수 없는 한 사람이자 작가로서, 이 불공정한 관계에 질문을 던지는 거예요. 인권과 동물권은 서로 배치되는 개념이 아니라 상호 보완적인 가치예요. 동물 학대가 많은 나라에선 어린이 학대, 여성 학대 그리고 약자에 대한 통제 불가능한 폭력이 많이 일어나고, 동물들의 고통에 귀 기울일 줄 아는 사회에선 인간 삶의 복지 또한 잘되어 있어요.

　불현듯 구제역 파동이 났을 때 봤던 보도사진 한 장이 떠올랐다. 살아 있는 돼지 수천 마리가 구덩이에 마치 쓰레기처럼 켜켜이 쌓여 있던 그 장면. 참혹했다. 밥을 먹고 있었다면 바로 숟가락을 내려놓아야 했을 것이다. 사람 수천수만 명이 산 채로 묻힌다고 상상해 보라. 그건 살처분이 아니라, 학살이다. 극단적으로 말하면 나치의 유대인 학살, 홀로코스트와 다를 바 없다.

　얼마 전 조류독감으로 달걀 값이 치솟았다. 달걀은 부자 음식이란 우스갯소리가 있을 정도였다. 구제역 때처럼 이번엔 어마어마한 수의 닭이 살처분되었다. 이런 극단적인 방법을 취한 이유는 사람도 조류독감에 감염될 수 있고 그 경우 치사율이 매우 높기

왜 유독 비인간 동물에 대해서만큼은
호불호, 취향의 문제로 생각할까요?
제가 비인간 동물들 문제에 천착하는 이유는
그들이 모든 약자 중의 약자이기 때문이에요.

때문이다. 2014년 조류독감 때는 1400여 만 마리가 살처분되었는데 이번에는 3300만 마리를 넘어선 상태다. 이쯤 되면 동물 학대 수준이 아니라 그야말로 엽기적인 살육, 대량 학살이다.

어릴 적부터 있었던 반려동물에 대한 사랑이 멸종 위기 야생동물로 확장됐는데, 세상 모든 동물을 걱정하면서도 여전히 내 식탁 위 동물, 그러니까 돼지, 닭, 소에게는 별로 관심이 없었어요. 그러다 2011년 구제역 살처분 때 처음으로 돼지라는 동물에게 관심이 생겼죠. 몇 달 만에 무려 350만 마리의 소, 돼지를 생매장하고, 젖 먹이던 어미 소, 갓 태어난 새끼들 가리지 않고 산 채로 구덩이에 포크레인으로 밀어 넣었어요. 그때가 제 아이가 막 두 돌이 되던 때였고 육아로 바쁠 때였는데요. 인간이 천벌을 받겠구나 하는 두려움이 들었고 생명을 생명으로 여기지 않는 잔인한 세상에선 우리 아이들이 온전히 자랄 수 없겠다고 깨달았죠. 그리고 3년 후 세월호 사건이 일어났어요. '폭력이 돌고 돌아 우리 아이들에게 왔구나' 하는 느낌을 떨칠 수가 없었어요.

소나 돼지 같은 가축은 어차피 사람의 먹이 즉 고기로 기르는 동물이니 함부로 죽여도 괜찮은 걸까. 인간이 동물보다 더 우월하다는 논리로 살아 있는 생명을 이처럼 한꺼번에 죽여 버리는 행위가 정당화될 수 있을까. 인간에게 과연 그럴 권리가 있기나 할까.

살처분은 인간에게도 비극적인 사건이다. 언론 보도에 따르면 조류독감, 구제역 살처분에 동원됐던 공무원들이 외상후스트레스 장애에 시달리고 있다고 한다. 황윤의 최근작 〈잡식가족의 딜레마〉에서 어느 공무원이 한 말이 뇌리에서 떠나지 않는다.

그 트라우마. 기억이 한참 가요. 지금 몇 년 됐는데도 그 기억이 생생하거든요. 옛날에 유대인들이 독일군에게 학살당할 때 애도 있고 어른도 있고 많았잖아요. 그런 생각이 나는 거예요. (…) 나한테 거부할 권리가 없는 건가 이런 것도 생각하게 되고요. 명령에 따라 사람을 죽이라고 하면 내가 죽일 건가 이런 것도 생각나구요.

맞는 말이다. 우리가 동물에게 저지르는 일을 우리 자신인 인간에게 저지르지 말란 법은 없다. 역사를 돌아보더라도 그렇다. 인간은 탐욕 때문에 같은 인간을 죽이고 때로는 종교가 다르다는 이유로 전쟁을 벌였으며 자신과 다르다는 이유로 약자와 소수자를 걸러내 학살하고 살육해 왔다. 인간도 동물이다. 그러나 대부분 동물은 생태계의 먹이사슬에 충실하게 살다 가는 반면, 인간이란 개체만은 같은 종뿐 아니라 다른 종의 동물도 마구 죽인다. 생존과 번식이란 목적 외의 살상을, 인위적인 살상을 하는 종은 인간뿐이다. 그뿐 아니라 인간은 최단 시간에 지구 환경을 오염시킨 주범이기도 하다. 유발 하라리가 쓴 《사피엔스》(김영사, 590쪽)에도 이런 내용이 나온다.

우리는 생물학 역사상 가장 치명적인 종이다. 생태학적 연쇄 살인범이라고 할 수 있다. 우리가 이미 멸망시킨 종이 얼마나 많은지 안다면 아직 살아 있는 종을 보호할 동기를 충분히 느낄 수 있을 것이다.

동물이 살기 좋은 곳이
인간이 살기 좋은 곳

〈잡식가족의 딜레마〉에는 공장식 축사에서 대량으로 사육되는 돼지들이 나온다. 몸이 꽉 끼는 비좁은 축사에서 제대로 움직이지도 눕지도 못한 채 살아 있는 동안 오로지 임신과 출산만 해야 하는 암돼지들. 출구 없는 감옥에서 잔인하게 고문을 당하는 격이다. 살아 있는 것 자체가 고통이 아닐까 싶을 정도다.

다큐에서 인상적인 장면 중 하나가 어미 돼지가 출산 후 새끼들을 지푸라기로 숨기는 장면이다. 어미는 주인이 수돼지들만 데려가 거세하려는 걸 본능적으로 알고 있는 듯했다. 그 장면은 많은 생각을 불러일으킨다. 어미 돼지의 모성에 숙연해지게 하는 한편 돼지란 동물에 대해 얼마나 아는 게 없는지 반성도 하게 한다.

돼지에 관한 영화를 만들겠다고 결심한 후, 제일 놀라웠던 발견은, 살아 있는 돼지를 제 평생 한번도 본 적이 없다는 사실이었어요. 참

이상한 일이죠. 돼지고기는 어디에나 있는데 살아 있는 돼지를 한 번도 본 적이 없다는 것이. 예전에는 시골에서 집집마다 돼지를 몇 마리씩 키웠다는데, 언제부터인가 시골에 가도 돼지를 보기 힘들어 요. 돼지들이 다 어디로 간 걸까요? 돼지가 눈에 띄지 않는 이유는 그들이 햇빛도 바람도 들지 않는 밀폐된 실내에 갇혀 밀집 사육되고 있기 때문이에요.

공장식 축산을 하는 곳에 처음 갔을 때, 가장 큰 충격을 받았던 건 암돼지를 가둔 '스톨'이었어요. 길이 2미터에, 폭 60센티미터 감금 틀에 암돼지가 한 마리씩 갇혀 있었어요. 그렇게 수천 마리가…. 마치 SF영화의 한 장면 같았어요. 몸을 한 바퀴 돌릴 수도 없는 그 좁은 틀에서 암돼지들이 할 수 있는 동작이라곤, 앉았다 일어났다 하는 것밖엔 없어요. 어미 돼지는 새끼 낳고 겨우 3주 정도 젖을 주고, 새끼는 어미와 떼어져 자돈사로 보내지고, 어미는 다시 임신사로 보내져서 임신과 출산을 반복하죠. 그러다 출산율이 떨어지면 도축장에 보내져요. 이것이 공장식 축산 어미 돼지들의 삶이에요. 만약 인간 여성이 이런 대우를 받았다면 사회가 가만히 있을까요? 저는 같은 여성으로서, 이 잔인한 시스템에 침묵하거나 가담할 수 없었어요.

뉴스에 종종 길고양이나 개와 같은 반려동물을 학대하거나 죽인 사람들이 오르내린다. 무슨 짓을 하든 내 개인데 웬 참견이냐 며 도리어 큰소리를 치는 사람부터 길고양이가 그냥 보기 싫어서

홧김에 죽여 버렸다는 사람까지 다양하다. 이러한 동물 학대는 그 자체로 명백히 동물 혐오다. 반려동물을 길러 본 사람이라면 이런 태도에 크게 분개할 것이다. 그들에게 반려동물은 단순히 동물이 아니라 가족이나 다름없기 때문이다. 오랫동안 정을 주고받으면서 형성된 관계 말이다.

만일 식탁에 오르는 닭과 오리, 돼지, 소와도 그런 관계를 맺는다면 어떻게 될까. 다큐에 나오는 자연식 농장 주인처럼 사육하는 돼지에게 이름을 붙여 주고 매일 그 이름을 부른다면, 다 성장할 때까지 정성껏 돌본다면, 단언컨대 꼼짝할 수도 없는 좁은 공간에 돼지를 마구 밀어 넣어 잔인하게 사육할 수는 없으리라. 돼지에게도 감정이 있고 사람에게도 감정이 있다. 감정이 있는 존재끼리 교감하고 소통한다면 그 다음에는 모든 것이 달라진다. 이름을 붙인 돼지는 더는 그냥 돼지가 아니다.

어릴 때 강아지를 기른 적이 있다. 이웃분이 주신 새끼 강아지였다. 흔한 바둑이였다. 동생과 나는 '보람'이라는 이름을 지어 주고 애지중지했다. 아버지는 짐승을 집 안에 들이는 것에 질색하셨지만, 우리는 아랑곳하지 않았다. 개와 밥도 같이 먹고 잘 때도 안고 잤다. 학교에서 돌아오면 반갑게 꼬리를 흔들며 뛰어오르는 보람이가 그렇게 예쁠 수가 없었다. 막내 동생이 생긴 것만 같았다. 어느 날 집에 돌아왔는데, 보람이가 없었다. 이웃분이 다시 데려간 것이다. 부리나케 그 집으로 달려갔지만 이미 개는 거기에 없었다. 개장수에게 팔려 간 뒤였다. 동생과 나는 서럽게 울었다.

초등학교 때 병아리를 기른 적도 있다. 동생이 학교 앞 병아리 장수에게서 두 마리를 사 왔다. 엄마는 얼마 못 살고 죽을 병든 수평아리를 사 왔다며 혼을 냈다. 하지만 어린 자식들이 병아리를 끼고 도니 어쩌지 못하셨다. 다행히 병아리들은 죽지 않고 자라 늠름한 수탉이 되었다. 그런데 더는 방 안에서 키울 수 없었다. 다행히 아버지가 마당 한구석에 닭장을 만들어 주셨다. 아침마다 횃대에 올라 꼬끼오 하고 울어 대는 닭들이 얼마나 근사해 보였던지. 그러나 수탉 두 마리가 살기에 닭장은 너무 좁았고, 여름 내내 닭장에서 뿜어져 나오는 냄새도 지독했다. 결국 어느 날 엄마는 우리 몰래 닭을 이웃에게 넘겨 버렸다. 그분들이 키우겠다고 해서 줘 버렸다면서. 하지만 엄마의 궁색한 거짓말은 얼마 못 가 그만 들통이 나고 말았다. 닭을 가져간 이웃이 와서는 수탉이라 살이 질긴 데다 살도 별로 없었다고 불평을 한 것이다. 그 얘기에 충격을 받고 한참 동안 꺼이꺼이 울었던 기억이 난다.

> 저는 영화에서 우리가 먹는 대부분의 돼지고기는 이런 곳에서 생산된다는 것을 보여 주면서 반대로 '돼지를 돼지답게' 키우는 농장도 보여 주고 싶었어요. 그런 농장을 찾다가 한 산골농장을 알게 됐는데 그곳에서 돼지들은 진흙 목욕을 하고, 지푸라기로 놀고, 농장주가 베어 주는 풀을 먹어요. 농장주는 어미 돼지들 한 마리 한 마리에게 십순이, 지순이 같은 이름을 붙여 주셨어요. 십순이에게 푹신푹신한 지푸라기를 넣어 주고 산통으로 아파하는 십순이를 부드러운

손길로 쓰다듬어 주셨죠. 평온한 그 모습을 지켜보면서, 돼지가 돼지답게 사는 세상은 사람도 사람답게 사는 세상이겠구나 하는 생각을 했어요.

돼지가 돼지답게, 소가 소답게 사는 삶이란 무엇일까. 사자가 사자답게, 코끼리가 코끼리답게 사는 삶이란 무엇일까. 인공적인 동물원에 갇혀 사는 야생동물들은 과연 '야생'동물일까. 야생동물 본연의 삶이 무엇인지 우리는 제대로 알고 있는가. 황윤이 묻기 전에는 전혀 생각해 보지 않았던 질문이었다. 그녀가 던진 한마디 한마디가 화두처럼 다가왔다.

개나 고양이, 소나 돼지 등 모든 동물에게는 인간처럼 감정이 있다. 그 사실을 잘 알고 있으면서도 우리는 인간과 동물을 구별할뿐더러 그 동물들을 차별적으로 대한다. 반려동물은 내 가족 또는 친구이지만, 축산동물은 그저 맛있는 고깃덩어리고, 야생동물은 동물원이나 TV에서나 만나는 미지의 세계다. 사람들은 멸종 위기에 놓인 야생동물을 보며 안타까워하면서도 악어와 하마 등으로 만든 가죽가방을 쓰기 위해 기꺼이 돈을 지불한다. 불고기나 삼겹살과 치킨 그러니까 소, 돼지, 닭 같은 축산동물을 먹는 것에는 아무런 의구심을 품지 않으면서 개를 먹는 것은 야만스럽고 잔인하다고 분노한다. 동물원 우리에 갇혀 사는 북극곰, 사자 등을 즐겁게 구경하면서도 먹이를 구하려고 산에서 내려온 야생 멧돼지는 가차 없이 총으로 쏴 죽인다. 모든 동물은 생명체라는 점에서 같지만, 인간은 제멋대로 동물을 나누어 대한다. 지극히 인간 중심적이다.

사실 마트나 정육점에 진열된 포장육을 보면서 죄책감을 느끼기는 어렵다. 조각조각 나뉜 부위를 보면서 풀을 뜯고 있는 소나 먹이를 맛있게 먹고 있는 살아 있는 생명체로서 돼지를 상상해 내기란 쉽지 않기 때문이다. 그저 육질이 싱싱하고 먹음직스러운 고깃덩어리로 보일 뿐이다. 하지만 그것들이 마트나 정육점 등에 진열되기까지 과정을 보게 된다면 밥상에 놓인 고기들이 전혀 다르게 보이지 않을까.

'채식'은 내 먹거리를
선택하겠다는 선언

황윤은 채식주의자다. 〈잡식가족의 딜레마〉를 만들면서 채식주의자로 돌아섰다. 공장식 축산의 문제점을 직접 보고, 자연식 소규모 농장에서 돼지들과 교감하면서 채식을 결심하게 된 것이다. 이 다큐에는 황윤뿐 아니라 뭐든 잘 먹는 '잡식' 식성인 야생동물 수의사인 남편과 어린 아들도 나온다. 특히 아들은 엄마를 닮아 돈가스를 무척 좋아한다. 그런데 그녀와 아들이 돼지들의 삶을 가까이에서 지켜보면서 이 '잡식 가족'은 영화의 카피처럼 '사랑할까, 먹을까'의 '딜레마'에 빠지게 된다. '공장'의 돼지들은 가혹한 고통을 받고 있었고, '농장'의 돼지들은 너무 사랑스러웠기 때문이다. 새끼 돼지들에게 지푸라기를 주고 풀밭에서 돼지들과 술래잡기를 하는 다섯 살 아들 도영은 "엄마, 돼지가 나 사랑한대"라고 말한다. 돼지와 친구가 될 것인가, 전처럼 돈가스를 즐길 것인가. 닭보다 치킨을 사랑했던 남편은, 조류독감으로부터 야생 새들을 지키는 일로 고생하게 되면서 조류독감 바이러스의 온상인 공장식 축산의 문제와 직면하게 되고, 치킨을 전처럼 마음 편히 먹을 수 없는 변화를 겪게 된다.

그런데 육식과 채식 사이에서 갈등하는 황윤 가족의 딜레마는 사실상 우리 모두의 딜레마이기도 하다. 나 역시 매일 먹는 밥상에 대해서 시야를 넓혀 진지하게 생각해 본 적이 없다. 반드시 채식을 해야겠다거나 고기를 절대 먹지 않겠다고 결심해 본 적도 없다. 아무 생각 없이 먹고 싶은 대로, 주어진 대로, 있는 대로 먹어 왔다. 주위를 둘러보면 한국에는 채식주의자를 위한 공간이나 식당이 별로 없다. '육식 광풍'이라 할 정도로 어딜 가나 고깃집이 지배적이다. 그렇다 보니 회식을 비롯해 모임에서 주로 먹는 음식도 삼겹살, 치킨 등 육류다. 집에서 의식적으로 채식을 하지 않는 한 육식을 피해 가기란 정말 어렵다. 이런 환경에서 채식을 '실천'한다는 것은 어떤 의미일까.

고기를 끊고 나서 어느 순간 깨달은 게 있는데, '내가 원래 고기를 많이 좋아한 사람이 아니었구나' 하는 거였어요. 어릴 때는 집과 학교에서 고기를 먹어야 잘 큰다며 꼭 먹도록 교육받았죠. 대학 다닐 때 선배들이랑 한잔하는 자리에서 저는 삼겹살을 좋아하지 않았는데도 같이 먹었어요. 족발도 원래 못 먹었는데, 회식 문화에서 배우게 됐고. 뭐든 주는 걸 잘 받아먹어야 성격 좋고 사회성 좋다고 칭찬받았으니까요. 육식을 하도록 오랜 세월 길들여진 거였구나라는 걸 고기를 끊은 후에야 알게 됐어요.

예전에 주변 눈치 신경 쓰며 살 때는 '남들이 뭐라고 생각할까'가 제 행동을 결정했는데 독립영화를 만들면서 남들의 말 따위에 신경 쓰지 않고 내가 옳다고 믿는 대로 행동하는 자기주도적인 삶을 살게 됐거든요. 채식을 시작하면서 주위에서 압박을 많이 받았지만, 크게 신경 쓰지 않았어요. 그보다 더 중요한 건 제 신념이고 제가 원하는 삶의 방향이니까요.

그래서 저에게 채식이라는 건, 단순히 고기를 안 먹는 게 아니라, 강요된 시스템과 이데올로기에서 벗어나는 것, 관습과 자본과 타자의 욕망이 아니라 내가 스스로 옳다고 생각하는 섭식을 하겠다는 선언이에요. 그러니까 무엇을 못 먹는 게 아니라, 오히려 내가 먹고 싶은 것을 선택하겠다는 선언인 것이죠.

오래전 영화 촬영장에서 있었던 일이다. 주연배우가 채식주의자였다. 그때만 해도 스스로 채식주의를 실천한다고 밝히는 사람이 생소했다. 그 바람에 밥때가 되면 평소보다 신경을 배로 써야했다. 식사를 담당하는 제작부는 그 한 명 때문에 왜 모두가 불편을 겪어야 하느냐며 뒤에서 투덜거렸다. 촬영이 끝난 후 뒤풀이 장소는 대개 고깃집이었고, 고기 냄새가 장악한 음식점 안에서 그 배우는 오이 같은 생야채만 씹고 있었다. 그때 사람들 사이에서 무언가 알 수 없는 어색한 분위기가 흘렀던 기억이 난다.

황윤의 말을 듣고 보니 어쩌면 문제의 본질은 육식이냐 채식이 냐가 아닐지 모른다. 육식을 당연시하는 문화, 단 한 명일지라도 그 한 명이 다른 선택을 할 수도 있다는 것을 존중하지 않는 문화, 차이를 이해하거나 인정하려 들지 않는 문화가 더 큰 문제일지도. 왼손잡이에게 왜 오른손을 쓰지 않느냐고 나무라고, 동성애자에 게 왜 이성애자가 될 수 없느냐고 힐책하듯이 말이다.

사실 고기를 향한 한국인들의 욕망이 진짜 우리의 욕망일까요? 언 제부터인가 거리엔 고깃집밖에 없고, 급식은 매일 고기반찬 위주이 고, TV만 틀면 고기 먹방, 고기 광고뿐인데. 우리 어릴 때는 이렇지 않았잖아요? 고기는 어쩌다 가끔 먹는 거였죠.

한국인의 식생활에서 육식이 크게 비중을 차지한 건 최근 20~30 년 사이의 일이에요. 1980년대에 정부가 주도해서 공장식 축산을 시작하면서, 소규모로 집집마다 돼지를 키우던 방식이 자취를 감추 게 됐어요. 돼지를 대규모로 키워야만 정부 지원금이 나왔기 때문 에 소규모 농장은 사라지게 됐어요. 농장은 공장이 됐고, 돼지는 가 축이 아니라 축산동물, 산업동물로 전락했죠. 한 양돈 농장에 수천 마리는 기본이고 2만 마리까지 키우는 곳도 있어요. 좁은 국토 면적에 비해 너무 많은 수의 축산동물을 사육하고 있고, 한 농장당 사육 밀도가 세계에서 가장 높은 수준이에요. 사료회사, 사육업체, 도축 업체, 유통회사, 요식업체가 하나의 기업으로 수직 계열화되어 있어요. 이렇게 기업화된 라인을 타고 대량 생산된 육류가 대량으로 마트에 유통되고 광고가 유혹하면서, 본래 채식 위주였던 우리 식탁을 육류 중심으로 바꿔 놓은 거예요.

살아남고 싶다면
축산업을 해결해야

나는 육식을 별로 좋아하지 않지만 그렇다고 해서 채식을 적극 실천하는 사람도 아니다. 단지 고기를 잘 먹지 않을 뿐이다. 이런 나도 채식'주의자'에 대한 편견을 갖고 있었다. 오래전 뉴욕에 갔을 때다. 우연히 누군가와 채식주의자 식당에 갈 일이 생겼다. 메뉴판에 '콩 스테이크'라는 요리가 있었다. 등심 스테이크와 모양이 완벽하게 똑같았다. 고기가 아닌 콩으로 만들었다는 점이 달랐을 뿐이다. 난 좀 우습다고 생각했다. 스테이크를 먹고 싶은, 그러니까 고기를 먹고 싶다는 욕망을 이렇게라도 해서 달래려는 건가. 채식을 하겠다면 그냥 콩을 먹으면 되지 왜 굳이 스테이크 모양으로 만들어 먹는 걸까?

콩고기는 마치 '전자담배'랑 비슷해요. 금연을 시도하는 사람 중에 단박에 끊는 사람도 있고, 조금씩 줄여 가는 사람도 있고, 끊기는 끊되 전자담배 같은 중간 과정이 필요한 사람도 있잖아요. 육식을 끊는 것도 마찬가지 같아요. 수십 년간 몸에 밴 습관, 중독된 것에서 벗어나려면 누구나 시간이 필요해요. 저도 돈가스를 좋아했지만, 어쩌면 콩가스가 있어서 돈가스 금단 현상을 겪지 않고 미련 없이 안녕을 고했던 것 같아요. 콩가스를 먹으면서 알게 됐던 게, 제가 돼지고기를 좋아했던 게 아니라, 그 바삭바삭한 튀김옷 질감을 좋아했던 거구나, 하는 거였어요.

채식이 붐인 뉴욕에서는 정말 기존 햄버거와 맛, 질감이 완벽하게 똑같은 채식 버거를 파는 식당이 문을 열어 대박이 났어요. 국내에도 비건(vegan, 완전한 채식) 버거 파는 식당이 여럿 있어요. 사실, 진정한 채식은 대체고기나 가공식품이 아니라 식물에 기반을 둔 비가공 자연식이고 그게 건강에도 훨씬 좋죠. 채식은 풀만 먹는 게 아니라 견과류, 콩, 곡류, 두부 등을 이용한 완전한 식사예요.

그런데 더 많은 사람이 더 쉽게 채식으로 진입할 수 있도록 하기 위해서는 대체고기도 필요하다고 생각해요. '윤리적, 사회적 이유로 채식을 하고 싶지만 고기 맛이 그리워 채식을 포기하거나 시도조차 못하는 사람들'에게 비건 버거, 비건 피자, 콩가스 같은 음식은 채식으로 가는 문턱을 확 낮춰 주죠. 채식인들이 콩고기 먹는 게 모순이 아니라, 육식인들이 채식인에게 유독 '완벽'을 요구하는 것이 더 모순으로 느껴져요. 채식인은 완벽주의자가 아니고, 금욕주의자도 아니며, 수도승도 아니에요. 다만, 채식은 더 나은 세상을 위해 필요한 일을 실천으로 옮기는 삶의 태도죠.

내 질문에 황윤은 이렇게 대답했다. 전자담배가 있으면 콩 스테이크도 있는 법. 흡연, 알코올 중독이나 탄수화물, 육식 중독은 다 같은 '중독'이다. 그러므로 중독에서 벗어나기 위해 어려운 첫걸음을 뗀 사람, 스스로 실천하려는 자의 노력을 폄하하지 말 것. 부끄러웠다. 중독자들이 중독에서 벗어나기 위해 온갖 방법을 강구하는 것은 당연시하면서도 육식을 끊으려고 노력하는 사람한테는 차별적으로 엄격한 잣대를 들이댄 내 자신이. 동시에 깨달았다. 나 역시 편견에 사로잡혀 있다는 것을. 육식을 즐기지 않는다고 해서 육식주의에서 벗어난 것은 아니었다.

축산에서 나오는 메탄가스는 전 세계 교통수단을 다 합친 것보다 더 심각하게 지구 온난화에 영향을 끼치고, 그로 인해 기후 변화가 갈수록 심각해지는 상황이죠. 견디기 힘든 폭염, 가뭄, 쓰나미, 한파 등등. 가축이 쏟아 내는 엄청난 분뇨로 강물, 토양, 지하수, 바다가 심각하게 오염되고 있고요. 세계에서 재배되는 곡물 80퍼센트 이상이 가축을 먹이는 사료로 쓰이기 위해 재배되고, 대부분이 유전자 변형 곡물이라 주변 생태계를 심각하게 파괴하고 있어요. 전 세계에서 20억 이상 사람들이 먹지 못해서 기아로 죽어 가는데 또 다른 20억 인구는 육류 소비로 비만과의 전쟁을 벌이고 있어요.

지금 축산은 동물에게만 잔인한 게 아니라, 심각한 인권 유린, 지구 종말적 환경 파괴의 원인이에요. 사료용 곡물 재배지로 쓰기 위해 아마존 같은 생때같은 열대우림 야생 서식지를 밀어 버리고, 그 땅에서 수만 년간 살아온 야생동물과 원주민들은 축산 기업에 쫓겨나 멸종되거나 난민이 되고 있어요. 유엔(UN)에서 인류의 생존을 위해 시급히 해결해야 하는 문제로 축산업을 꼽았을 정도예요. 다시 말해 이건 바로 '정의'의 문제인 거죠.

전 세계적으로 육식 인구가 나날이 급증하면서 생태계 파괴도 더 심해졌다. 이미 우려할 만한 수준을 넘어섰다. 소들은 풀을 먹는 게 아니라 유전자 변형 옥수수를 먹고 자라 항생제까지 먹여야 한다. 이런 과정으로 만들어진 육류를 과다 섭취하면 인간에게도 좋을 리 없다는 건 어찌 보면 당연한 추론이다. 거의 해마다 구제역, 조류독감 등이 창궐하는 것도 예측 못할 결과가 아니다. 비좁고 햇볕도 들지 않는 더러운 공장식 축산 시스템에서 비윤리적으로 사육되고 도축당하기 때문이다.

해결 방법은 아주 간단하다. 넓은 공간에서 적정 수의 가축을 그 동물의 습성대로 키우면 된다. 그런데 왜 그렇게 하지 않을까. 고기 소비량을 따라잡을 수 없기 때문이다. 고기 수요가 많아 대량 생산이 아니고선 맞출 수가 없다는 얘기다. 정말 동물 복지를 생각한다면 사람들이 아예 고기를 먹지 말아야 한다고 공장식 축산 업자들이 강변하는 이유다.

우리는 매일 무언가를 먹고 소비하지만 자신이 먹고 있는 것을 누가 어디서 어떻게 재배 또는 사육했는지 잘 알 수 없는 이상한 시스템 안에서 살고 있다. 즉 생산자와 소비자가 완벽히 분리된 사회에서 살고 있다. 이것이 바로 잡식 동물인 인간, 현대인이 딜레마에 빠지게 된 배경 중 하나다.

모든 것은 연관되어 있지만 정작 일상 속에서는 그 연관성을 알아차리기가 쉽지 않다. 하지만 손으로 눈을 가린다고 해서 존재하는 세상이 사라지는 건 아니잖은가. 육식에 치중된 우리 먹거리 문제는 우리 인간에게서 비롯되었고, 소와 돼지, 닭과 오리 같은 동물들은 구제역, 조류독감 등으로 인간에게 위험을 경고하고 있다. 이제 인간이 할 일은 반성이다. 지금 우리가 무엇을 먹고 있는지부터 돌아보자. 그렇지 않으면 인간이 생태계를 파괴한 만큼 돌려받을 날이 올지 모른다.

저 역시 아이를 키우는 엄마기 때문에 아이에게 무엇을 먹이고 장바구니에 무엇을 담을 것인가, 대한민국 모든 엄마처럼 고민을 해요. '무엇을 먹을 것인가'의 문제는 단지 취향의 문제가 아니라, '우리가 다른 생명들과 어떤 관계를 맺고 어떤 삶을 살 것인가' 하는 근원적인 문제라는 걸 영화를 만들면서 깨닫게 됐어요. 영화를 본 관객들 중에서 육식을 끊거나 줄인 분이 많고, 돼지를 고기이기 이전에 생명으로 보는 인식이 확산됐다는 점에서 보람을 느껴요. 영화가 극장에서 끝나지 않고, 관객의 실제 삶으로 이어진다는 것, 참 고

마운 일이에요.

황윤이 말한 관객들처럼 한 사람 한 사람이 문제를 인식하고 조금씩 생활방식을 바꾸어 갈 때 지금보다 지구는 더 오래 유지되거나 나아질 것이다. 채식주의자는 그런 실천가들 중 하나다. 이들은 인간은 육식을 할 수밖에 없다는 자기 합리화를 멈추는 사람이자 이 세계를 살리겠다고 주체적 의지를 표명한 사람들이다. 생명체들은 하나의 유기체와 같고, 그것이 지구 생태계라는 것을 자각하고 인식한 사람들이다.

돌아오는 길. 고깃집 앞을 지나며 나는 황윤의 말을 다시 떠올렸다.

현재 제6의 대멸종이 진행 중이에요. 지난 5번의 대멸종이 빙하기나 화산 등의 자연재해로 일어났었다면 현재의 멸종은 호모 사피엔스라는 종 하나 때문에 벌어지는 현상이죠. 멸종이 이대로 계속되면 인간도 생존할 수 없게 돼요. 생태계는 아주 정교하게 짜인 그물망과 같아서, 고리 하나가 빠지면 연쇄적으로 다른 고리들이 빠지게 되죠. 그물망을 찢은 책임이 인간에게 있으니, 그걸 다시 이어 붙이는 일도 인간 몫이죠. 윤리적 책임뿐 아니라, 인간이 살아남기 위해서라도 말이에요.

그렇다면 밥상을 바꾸는 아주 작은 실천이 우리의 삶을 재구성하고, 생태계 더 나아가 지구를 살리는 가장 커다란 실천이 될지도 모른다. 그 첫걸음으로 내 주변에 존재하는 생명을 나처럼 보는 눈을 길러야겠다, 세상에 존재하는 모든 생명을 우러르는 마음을 품어야겠다고 생각했다. 자연은 우리에게 숨김없이 가르쳐 준다. 생명은 지속되고 계속되어야 하며, 그것을 인간이 함부로 파괴할 권리가 없다는 것을 말이다.

황윤의 추가 답변 – 동물이 아니라 '비인간 동물'인 이유

저는 '인간과 동물'이라는 표현을 좋아하지 않습니다. '인간과 동물의 공존'이라는 표현도 적당하지 않다고 생각합니다. 이런 표현이 인간 중심적 세계관을 더 공고히 한다고 생각하기 때문입니다. 호모 사피엔스는 동물계의 한 종일 뿐입니다. 그런데 많은 사람은, 인간이 마치 동물이 아닌 것으로 착각합니다. 인간과 동물이라는 표현에는, '인간은 동물이 아닌 다른 존재', '인간은 동물의 지배자, 관리자, 보호자'라는 생각이 함축돼 있습니다.

그래서 저는, 인간과 동물이라는 표현 대신 '인간 동물'과 '비인간 동물'이라고 종종 표현합니다. 다소 낯설고 길지만, 우리가 동물임을 잊지 않을 때 거기서부터 많은 지배 – 피지배 문제가 해결되기 시작하리라 믿기 때문입니다.

황윤

　　동물의 입장에서 세상을 바라보는 시선도 영화도 전무했던 2001년 황윤은 동물원에 갇힌 야생동물의 눈으로 동물원을 바라본 〈작별〉이란 다큐멘터리를 만들었다. 이후로도 주제는 한결같았다. 〈침묵의 숲〉(2004)에선 인간의 무분별한 자연 파괴로 멸종 위기에 몰린 야생동물 이야기를, 〈어느 날 그 길에서〉(2006)에선 로드 킬로 희생되는 야생동물을 조명했다. 이후 시선을 좀 더 확장해 2015년에는 공장식 축산 시스템 문제를 다룬 〈잡식가족의 딜레마〉를 제작, 개봉했다.

　　황윤은 환경과 생태 그리고 생명에 대해 지속적으로 관심을 보이고 꾸준히 발언해 왔다. 그녀는 인간을 우위에 놓고 다른 종의 동물들을 열등하게 바라보는 인간 중심적인 세계관을, 문명 대 자연이라는 이분법적 세계관을 거부한다. 인간 역시 생태계와 자연의 한 부분이란 사실을 결코 잊지 말자 한다. 황윤에게 동물은 여성, 이주노동자, 장애인, 성소수자 같은 사회적 약자이다. 그녀는 언제나 이들 편에 서 있다.

　　영화를 만들 때마다 삶이 변하는 사람. 영화가 삶이 되고, 삶이 영화가 되는 삶을 지향하는 황윤. 그녀는 말했다. 점괘에 따르면 자신은 어깨를 쓰면 쓸수록 복을 많이 받는 운명이라고. 그래서 다큐 감독이 된 것 같다고. 그래선지 카메라, 삼각대 등을 어깨에 주렁주렁 메고 다니는 황윤. 그녀의 어깨는, 동물과 인간을 이어 주는 중개자, 서로의 말을 통역해 주는 전달자, 이야기꾼의 신실한 어깨는 아닐지.

10여 년 전 '된장녀, 김치녀'로 시작된 여성 혐오 현상을 보면서 우리 사회에 내재된 혐오를 인식하게 되었다. 나 역시 여성이기 때문이다. 헤어지자고 한 여자친구를 폭행해 죽이고 여성을 상대로 묻지 마 살인까지 저지르는 일이 횡행하는 현실이 너무 참담했다. 여성을 성적으로 대상화하고 성차별적 혐오 발언을 하거나 성희롱과 성폭력을 저지르고도 문제의식을 전혀 못 느끼는 남성들의 범위는 사회적 지위나 배경, 학벌, 계급으로 한정할 수 없다. 인터넷상의 일부 남성 집단에서 공공연하게 시작된 여성 혐오는 이제 온·오프라인을 막론하고 일상적으로 벌어지는 일이다.

어느 사회든 존재 자체로 열등한 취급을 받는 사회적 약자들이 있다. 예를 들면 여성, 장애인, 성소수자, 이주노동자, 동물 등이다. 사회가 불안해지고 사람들이 두려움에 사로잡히면 문제 원인을 이들 힘없는 사람들에게 돌리려는 경향이 있다. 자신들의 억눌린 분노와 불안을 해소할 희생양으로 삼는 것이다. 사실 여성 차별이나 혐오 현상은 비단 어제 오늘의 일이 아니다. 그런데 이제는 혐오 대상이 사회적 약자를 넘어 여느 사람들에게까지 확장되고 있다는 게 문제다. 사회 구성원의 다양성을 존중하는 게 아니라 혐오 대상만 다양해지고 있는 것이다. 그리고 혐오 발언과 공격 수위도 점점 높아지고 있다. 어쩌다가 이 지경에까지 이르렀을까.

왜 독립영화 감독들인가

여기 퇴행하는 한국 사회를 향해 정면으로 카메라를 든 독립영화 감독들이 있다. 다큐멘터리를 찍는 감독 다섯 명과 극영화를 만드는 감독 한 명이다. 이들과 우리 사회의 혐오 현상에 대해 이야기해 보고 싶었다.

하고많은 감독 중에 왜 하필 잘 알려지지도 않은 독립영화 감독이냐 물을 수도 있겠다. 천만 관객이 든 흥행 감독도 있고 대중적인 영화감독도 많은데 말이다. 물론 내가 독립영화 감독이라서가

첫 번째 이유다. 하지만 그 때문만은 아니다. 상업영화에서도 우리 사회의 혐오 현상, 바로 지금 여기 현실에서 벌어지는 문제를 다룬 영화를 찾아보려고, 그런 주제에 집중하는 감독을 찾아보려고 했지만 거의 불가능했다. 자본의 투자를 받아 작품성과 흥행이라는 두 마리 토끼를 잡아야 하는 상업영화에서 감독들이 오롯이 자신의 생각을 표현하기란 쉽지 않다. 특히 영화 주제가 민감한 사회 문제거나 우리가 알지 못한 불편한 진실일 경우에는 더더욱 그렇다.

그러나 독립영화는 흥행과 이윤을 목적으로만 제작되지는 않는다. 어느 정도 자본으로부터 자유로워 사회 문제에 관해 날을 세우고 발언하기를 주저하지 않는다. 이 책에서 함께 이야기를 나눈 여섯 명의 감독은 혐오 문제에 관한 한 최전선에 서서 꾸준히 활동해 온 이들이다. 그러므로 그 누구보다도 더 구체적이고 살아 있는 이야기를 들려주리라 생각했다.

여섯 명의 감독은 성격도 다르고 관심사도 다르고 만드는 영화도 다르다. 하지만 공통점은 하나 있다. 한 주제에 천착해 왔다는 점이다. 여섯 명의 감독은 영화를 통해 이야기하는 작가이자 자신이 만든 영화와 함께 세상에 맞서는 운동가, 활동가이기도 하다. 타자의 고통에 민감하게 공감하고 연대하는 예술가들이다. 이 감독들 삶을 보면 영화와 다르지 않다. 영화가 자신의 삶이고 또 삶이 곧 영화로 구현된다. 경순 감독은 자신에게 영화란 "세상에서 보고 느낀 것을 기록하는 일기장"이라고 했다. 일상 속 고민이 켜켜이 쌓여 자신이 만들 영화의 바탕이 되고 또 그 영화를 통해 자신의 사유가 더 단단해진다는 뜻이다. 그녀는 그렇게 사유한 것을 일상생활에서 구체적으로 실천하려고 노력하며 산다.

남성 – 이성애자 – 비장애인 시선의 문제

나는 사회적 약자들이 21세기의 패러다임을 주도한다고 생각한다. 최근 다큐멘터리와 독립영화 경향을 보더라도 진보적이고 혁명적인 새로운 영화 주제는 주로 이들에 관한 것이다. 그중에서도 여성과 성소수자에 관한 것이 단연코 많다. 어찌 보면 이는 지극히 당연한 일이다. 지금까지 정치와 예술, 사회의 표준은 남성 – 이성애자 – 비장애인이었다. 영화도 예외는 아니다. 보수적이고 구태의연한 관습에서 벗어나지 못하는 주류 남성의 시선이 지배적이었다. 그 때문에 대부분 영화가 타인의 고통과 약자를 차별하는 것에 둔감했고, 소수자의 삶을 왜곡하는 일방적이고 폭력적인 것이었다.

그러나 21세기가 지향해야 할 가치는 다양성이다. 새로움은 남과 다르게 생각하는 것, 즉 다르게 보기에서 출발한다. 주류라는 다수의 시선, 기득권의 시선은 더는 새롭지 않다. 사회적 소수자를 이해하고 그들의 말에 공감하는 데서부터 새로운 시선, 패러다임은 싹틀 것이다.

여성이나 성소수자 같은 힘없는 자가 배제되는 사회에서 정의는 실현될 수 없다. 나는 세상에서 사람들이 보지 않는 것, 놓치고 있는 것에 항상 문제의식을 느끼는 인간이다.

— 경순

나는 아직도 여전히 이야기하고 싶은 것이 너무 많다. 청각장애인 부모의 자식으로 태어난 이상 그리고 코다이므로, 앞으로도 계속 이야기할 것이다.

— 이길보라

자신의 생존만을 위해서가 아니라 누군가를 위해서 난 이거는 도저히 못 참겠다는 인간으로서의 목소리에 귀를 기울이는 거다. 평범한 사람도 이런 선택을 할 수 있다는 걸 보여 주기 위해서, 그렇게 선택하도록 선동하고 싶어서 영화를 만든다.

— 주현숙

타자가 되는 경험을 하면 자신의 세계가 더 넓어진다. 이전까지는 전혀 보지 못했던 타자들을 볼 수 있기 때문이다. 타자 경험은 또 다른 타자들을 보고 만날 수 있는 힘을 얻게 한다.

— 김경묵

사회에서 유령으로 취급되는 존재들, 비가시화된 주체들의 목소리를 시각화하고 들려지도록 하는 것, 그것이 다큐멘터리 감독으로서 나의 역할이라고 생각한다. 나는 소수자의 삶을 이야기할 뿐만 아니라, 소수자의 시선에서 주류 사회에 질문을 던지고, 지금과는 다른, 도래할 새로운 세계를 상상한다.

— 이영

침묵은 동의의 다른 말이다. 나는 '동물 애호가'가 아닌, 평화를 염원하는 한 사람으로서, 불의를 보고 표현하지 않으면 견딜 수 없는 작가로서, 이 불공정한 관계에 질문을 던지는 거다.

— 황윤

그렇다. 이들은 끊임없이 질문을 던지고 이야기할 것이다. 여성, 장애인, 이주노동자, 양심적 병역거부자, 성소수자, 비인간 동물의 시선으로, 그들의 편에 서서 우리에게 이야기를 건넬 것이다. 사회적 약자를 자신의 정체성으로 삼고 있는 이야기꾼들이기 때문이다. 지그문트 바우만은 "인간은 파편화된 세계가 아닌 전체 세계에 질문을 던져야 한다"고 했다. 여섯 명의 감독이 그런 '인간'들이다. 이들은 한국 사회의 고정관념에 의문을 제기하면서 '혐오'에 맞서고 있다. 감독들이 만든 영화를 찾아서 보는 수고를 마다하지 않는다면 내 말에 고개를 끄덕일 것이다.

진실의 무게

처음에는 막연히 혼자 시작한 여행이었지만, 막상 길에 오르니 먼저 그 길을 걸어간 사람들이 보였다. 치열하게 걷고 있는 이들

감독과도 만났다. 루쉰의 말이 떠오른다.

희망이란 있다고도 할 수 없고 없다고도 할 수 없다.
그것은 마치 땅 위의 길과 같은 것이다.
본래 땅 위에는 길이 없었다.
걸어가는 사람이 많아지면 그것이 곧 길이 되는 것이다.

진실은 불편하고, 무겁다. 편하고 가벼운 진실은 없다.《그건
혐오예요》를 통해 우리 마음 속 혐오가, 정의를 바로 세우고 평등
을 실현하며 민주주의를 복원하려는 정당한 분노로 바뀌기를 염
원한다. 아울러 불편하지만 외면해선 안 되는 그 진실을 찾아가
는 여정에 독자 여러분이 함께해 준다면 이 책은 의무를 다한 것
이리라.

책을 기획, 편집한 여미숙 주간이 아니었다면 이 책은 결코 세
상에 나오지 못했을 것이다. 그녀의 격려와 조언은 이 책이 나아

갈 방향을 알려 주는 나침반이었다. 그리고 이 지면을 빌려 집필 공간을 제공해 준, 멀리 호주 멜버른에 사는 친구 경민에게도 고마움을 전한다. 아름드리 향나무가 마주 보이는 부엌 식탁은 겨우내 안성맞춤한 집필실이었다. 세상에는 자신의 것을 나눠 세상에 빛을 주고 타인의 힘을 북돋워 주는 사람들이 있는데 이들이 내겐 그런 존재다.

나치가 공산주의자들을 덮쳤을 때,
나는 침묵했다.
나는 공산주의자가 아니었다.
그 다음 그들이 사회민주당원들을 가두었을 때,
나는 침묵했다.
나는 사회민주당원이 아니었다.
그 다음 그들이 노동조합원들을 덮쳤을 때,
나는 아무 말도 하지 않았다.
나는 노동조합원이 아니었다.
그 다음 그들이 유대인들에게 왔을 때,
나는 아무 말도 하지 않았다.
나는 유대인이 아니었다.
그 다음 그들이 나에게 닥쳤을 때에는,
나를 위해 말해 줄 이들이 아무도 남아 있지 않았다.

— 마르틴 니묄러 〈그들이 처음 왔을 때〉

그건 혐오예요

초판 1쇄 발행 2017년 5월 1일
초판 6쇄 발행 2021년 10월 28일

지은이 홍재희

펴낸곳 (주)행성비
펴낸이 임태주

편집장 이윤희

출판등록번호 제2010-000208호
주소 경기도 파주시 문발로 119 모퉁이돌 303호
대표전화 031-8071-5913 **팩스** 0505-115-5917
이메일 hangseongb@naver.com **홈페이지** www.planetb.co.kr

ISBN 979-11-87525-26-4 03300

행성B는 독자 여러분의 참신한 기획 아이디어와 독창적인 원고를 기다리고 있습니다.
hangseongb@naver.com으로 보내 주시면 소중하게 검토하겠습니다.